POCI

IL Y A QUELQU'UN LÀ-DEDANS

HOWARD BUTEN

IL Y A QUELQU'UN LÀ-DEDANS

DES AUTISMES

Odile Jacob
poches

15, rue Soufflot, 75005 Paris

www.odilejacob.fr

ISBN : 2-7381-1548-9
ISSN : 1621-0654

1

IMPOSTEURS

J'avais trois ans, on avait déjà la télévision. Elle était marron clair, l'écran plus arrondi que rectangulaire, et encastrée dans un meuble en bois du petit salon de notre maison familiale.

Je me souviens du *Club Mickey*, que je regardais chaque après-midi, quelques années plus tard. Pour regarder le *Club Mickey*, il fallait chaque fois que je me peigne soigneusement. Que je me peigne et que je mette mes vêtements du dimanche. Ainsi peigné et vêtu, je pouvais m'asseoir devant la télévision, seul, pour attendre qu'Annette entre sur l'écran. Et quand Annette entrait sur l'écran (mais par où entrait-elle ?), je me dressais sur mon fauteuil pour lui faire un grand sourire.

Je regardais donc le *Club Mickey* chaque après-midi de la semaine, habillé de mes vêtements du dimanche et peigné soigneusement parce que Annette me regardait de la télévision, moi, droit dans les yeux, moi et moi seul, puisqu'il n'y avait que moi dans le petit salon.

Néanmoins quelque chose me consternait ; je n'étais quand même pas dupe : les dix personnes de l'équipe du *Club Mickey* n'étaient certainement pas dans le téléviseur ! Il était beaucoup trop exigu ! (À moins qu'Annette ne mesure réellement que neuf centimètres, idée aussi difficilement acceptable que celle qui aurait voulu qu'elle soit réellement noire et blanche.)

Par où entrait-elle, en définitive ?

Annette existait forcément, puisque j'étais amoureux d'elle. Et quand on existe, on doit être quelque part. Mais si Annette, à cause de son format d'*Homo sapiens*, ne pouvait pas rentrer à l'intérieur de la petite télévision plus arrondie que rectangulaire, qui donc était l'Annette de l'écran ? C'était tout de même Annette.

Une seule conclusion était possible : Annette existait quelque part (puisque j'étais amoureux d'elle), et il n'y en avait qu'une (même raisonnement). L'Annette qui me regardait et que je voyais à la télévision était donc la seule et unique Annette. Pourtant... ce n'était pas la même.

*

Dans les descriptions nosologiques de l'autisme infantile (« Nosologie » : *Discipline médicale qui étudie les caractères distinctifs des maladies en vue de leur classification méthodique – Petit Robert*), il y a plusieurs catégories : Autisme Infantile, Autisme Avec Troubles Associés, Autismes Atypiques – Syndrome d'Asperger, Autisme Secondaire, Autisme à Capacité Spéciale. Ces catégories diagnostiques sont accompagnées de listes de critères. La plupart en comprennent entre sept et douze. Selon la présence constatée d'une majorité de ces critères, on peut rattacher le sujet à l'une ou l'autre de ces catégories.

La catégorie Autisme à Capacité Spéciale représente les personnes autistes qui, malgré leurs déficits de communication, d'intérêt pour le monde qui les entoure et d'affect (« Affect » : *État affectif élémentaire – Petit Robert*), possèdent un don parfaitement génial.

*

Je suis allongé sur une table de pique-nique dans le jardin de l'institution. (Le repas de midi a été un moment de grandes émotions, de mouvements furieux comme un tremblement de terre et de perturbations météorologiques... on aurait juré une tempête de neige, mais il s'agissait de la macédoine de légumes.) Je prends le soleil.

Je suis en train de m'endormir, de me faire aspirer dans un doux vide médico-social, quand l'arbre derrière moi se met brusquement à parler.

« *Et alors, tu vas laisser les enfants à la maison les cinq minutes qu'il faut pour aller chercher Corinne chez elle et puis voilà, quoi.* »

« Qu'est-ce que t'as dit ? Je t'entends mal. »

« T'es sourde ou quoi ? Ton Bouygues, là... »

« Mais où t'as laissé la voiture ? On peut pas aller au ciné à pied tout de même. »

« T'es folle ? Pour une fois que j'ai trouvé une bonne place... »

Les arbres parlants ne figurant pas dans notre budget institutionnel, j'en déduis la présence derrière moi de quelque chose de moins végétal.

« Martin ? »

« Alors, Martin ! Tu vas rester à la maison avec Corinne, et tu seras puni ! »

« Martin... »

« Non, mais c'est quoi, ce cirque ! T'as encore cassé le magnéto ! »

« Martin... »

« Je suis dans mon monde. »

Martin est dans son monde. Le monde de Martin ne relève pas du délire – Martin ne le confond jamais avec la réalité – ni de l'hallucination – les hallucinations font partie des critères diagnostiques de la schizophrénie, pas de l'autisme. De son monde, Martin nous revient facilement, sur demande, même si parfois il faut le lui demander plusieurs fois.

Dans son monde, Martin est bien.

« *On ne peut pas les coups ! Eh... il faut pas faire de bruit ! On ne peut pas les coups ! Je dis quoi ? Je dis quoi, je dis quoi ? Il ne peut pas écouter ! On ne peut pas ! Tu fais quoi si je le tiens ? Il veut la télé brouillée, mais je te jure que, que... On sait pas pourquoi.* **ALORS MARTIN, TU VAS PARLER DANS LE MAGNÉTO. TU N'AURAS PAS** – Veux aller à Évry ! – BEN TU N'AURAS PAS ! Veux aller à la télé brouillée ! BEN CELLE-LÀ EST EN PANNE. Je veux pas être déçu ! **BIEN SÛR, TU VAS ÊTRE DÉÇU. TU VAS...** TU VAS ÊTRE TRÈS DÉÇU ! *Tu ferais quoi si j'arrête des roues.* JE TE METS UNE CLAQUE. TU TE DÉBROUILLERAS AVEC TA MÈRE ! *C'est quand qu'on va aller à table ?* LA TABLE, TU LA CASSES, TU VAS LA RÉPARER ! BON, TU PEUX, AH TU PEUX. *Viens m'aider. David, il fait un saut, il va avoir son sandwich ! Il va avoir le numéro "un"... et toi le numéro "deux"... et "trois", comme ça il y aura des numéros, faut qu'il y ait le chiffre à la télé ! Ben, je veux pas qu'il ouvre...* **TOI, TU ARRÊTES TOUT DE SUITE OU J'APPELLE TA MÈRE !** »

Martin imite. Il reproduit la voix des autres – leur façon de parler, leurs intonations, leur vocabulaire. Les éducateurs, ses parents, les personnages du cinéma, moi. Il reproduit les cris et les jargonnements d'autres jeunes de l'institution de façon tellement fidèle que, si on ne voit pas l'auteur de ses propres yeux, on ne peut jamais être sûr que c'est l'œuvre de l'imposteur Martin. C'est effarant. Martin vous fera la bande-son du *Grand Bleu* (film fétiche), musique, dialogues, bruitage ; il peut également vous la faire à l'envers ou au ralenti.

Paradoxalement, quand Martin parle en son nom propre, c'est d'une petite voix monotone, sans nuance ni modulation, portée par une cadence binaire qui ne varie jamais.

Ce talent surnaturel ne cesse de nous étonner. À la maison, en revanche, il est infernal.

Martin s'obsède sur le magnétophone dans sa chambre ; il se colle l'oreille dessus, il jubile. Il sort dans le couloir, puis rentre aussitôt. Il ressort. Il rentre. Il passe et repasse la bande à l'infini, appuyant sur les touches pour qu'elle défile à l'envers, à triple vitesse, des heures durant. (« Ça fait les lutins », dit-il.) À la maison, Martin parle sans cesse tout seul, à haute voix. Il répète encore et encore la même chose : « Veux Naci (son ancienne accompagnatrice)... » « Veux la télé brouillée... Veux *Le Grand Bleu...* » Il vient se coller à sa mère, son père. Les tire par la manche. « Veux habiter chez Daoud (ancien accompagnateur)... » « Vais déchirer mes vêtements, j'peux pas m'en empêcher... » Voilà Martin dans son monde où une litanie de voix multiples l'empêche d'entendre quelque interpellation que ce soit. Dans la cuisine, de retour dans sa chambre, auprès de son petit frère et de sa sœur, en traversant le salon. Puis il jette des objets. Par la fenêtre, dans toutes les ouvertures, dans les toilettes, par la porte. Des papiers, ses chaussures, un verre, des magazines. « Je ne peux pas m'en empêcher, non je ne peux pas ! » Il dit qu'il veut voir où vont les choses. Les ballons lâchés, les papiers qui volent dans la rue, l'eau dans le caniveau, les nuages dans le ciel. Où vont-elles ? « Par la fenêtre, Martin. » Et après la fenêtre ? « Le toit. » Et après le toit ? « Le ciel. » Et après le ciel ?

« Dieu. » Et après Dieu ? « La DASS. » Et après la DASS ? « Il n'y a rien après la DASS ! » Et puis Martin ment. Il avoue avoir jeté chez le voisin sa chaussure qu'on ne retrouve plus, il faut qu'on aille la chercher, c'est vrai, il ne pouvait pas s'en empêcher. (On la retrouve derrière la porte.) Puis il déchire ses vêtements. Il démonte les appareils électroniques. Il nous tire l'oreille interminablement en parlant d'un certain Nicolas Bouvier (le nom d'une marionnette avec laquelle Martin se masturbe ; ainsi que le nom d'un garçon qu'il a connu dans un centre de loisirs, avant ; peut-être ni l'un ni l'autre, ou bien les deux à la fois). Il bave sur les carreaux « pour imiter Nicolas Bouvier » (lequel ?). Il monopolise ses deux parents en hurlant de chagrin (vrai ? faux ?) à toute heure.

*

Il ne faut pas confondre l'école de Thérapie gestaltiste, créée par Fritz Perls en Californie dans les années soixante, avec la Psychologie gestaltiste fondée par Wertheimer, Köhler et Koffka, à Weimar, dans les années vingt.

Köhler et Koffka s'intéressaient à la perception sensorielle humaine. Certaines expériences scientifiques de leur époque suggéraient que les êtres humains tendent à percevoir visuellement les choses comme des « touts », même quand il s'agit de « parties ».

Une gestalt est un tout dont la nature n'est pas modifiée par les changements de ses parties. Quand on regarde une forme, un carré par exemple, s'il lui manque un petit bout, on le reconnaît toujours comme carré. On peut modifier sa couleur, sa taille, son orientation ; on peut y faire des trous, on peut le dessiner en pointillés... le carré ne perd pas pour autant sa qualité de « carré », sa gestalt de « carré ».

Perls a emprunté le concept de gestalt et l'a appliqué aux expériences de la vie affective. Selon lui, les êtres humains tendent à vivre les situations qui se présentent dans la vie, les relations interpersonnelles, les souvenirs conscients ou inconscients, comme des gestalts affectives. Ces gestalts peuvent être ouvertes ou closes. Dans cette hypothèse, quand une personne éprouve un sentiment de tristesse ou d'angoisse, c'est qu'il existe quelque chose – dans une relation, une situation, ou un souvenir, même inconscient, qui n'est « pas fini » : il y a quelque part dans sa vie une gestalt qui n'est pas close, pas « bouclée ».

Comme chez Freud, il ne suffit pas, selon Perls, de s'en rendre compte intellectuellement pour que les symptômes disparaissent. Il convient plutôt de revivre la situation émotionnellement, en actions, même symboliques, afin de pouvoir « boucler » la gestalt. Pour ce faire, Perls a inventé une panoplie de « jeux gestaltistes », des mises en scène à jouer, guidé par son thérapeute, avec lui ou avec d'autres, dans le contexte d'une thérapie de groupe.

Je mets deux chaises face à face dans la pièce et je demande à Martin de s'asseoir sur l'une des deux. Je m'assois sur une troisième chaise perpendiculaire aux deux autres, à un mètre de lui.

« Regarde la chaise en face, Martin. Imagine que Martin est là, assis devant toi. Martin 2. Toi, tu es Martin 1 et, en face sur la chaise, il y a Martin 2. »

« C'est pas le même. »

« C'est ce qu'on va voir ! »

« Veux redevenir le Martin d'Avant. »

« Ça tombe bien. Regarde Martin 2, en face là, sur la chaise. C'est lui le Martin d'Avant. »

« (Grand sourire malin, agitation des mains, la télévision brouillée.) C'est lui ! »

« Exact ! C'est lui. Dis-lui quelque chose. »

« (Voix de son père) *Non, mais oh ! Qu'est-ce que c'est, là ? Alors, tu as encore cassé le magnéto !* »

« Non, je veux que ce soit Martin 1 qui parle au Martin d'Avant... »

« Ce sera pas le même. »

« D'accord. »

« C'est Martin 1 et Martin 2. »

« Demande à Martin 2 s'il veut toujours être autiste ou pas. »

« J'ai peur de ne plus être autiste. »

« Mais demande à Martin 2. »

« J'ai peur. »

« Comment tu sais ? »

« Tu me l'as dit. »

En effet, je lui avais soumis l'hypothèse que Martin aurait peur de ne plus être autiste. Mais il ne m'avait pas, jusque-là, donné son avis là-dessus.

« Demande à Martin 2, Martin. »

Martin regarde la chaise en face.

« T'as peur de ne plus être autiste ? »

« Mets-toi sur l'autre chaise. (Il se déplace.) Très bien, alors, Martin 2, réponds à Martin 1. »

« (Imitant ma voix) *Alors, là, mon vieux, tu te démerdes ! C'est ton problème ! Moi, tu vois...* »

« Martin 2 ! Le Martin d'Avant... Je veux que tu répondes à la question de Martin 1. »

La notion de gestalt, l'idée de vivre les choses de la vie quotidienne comme des « touts bouclés » ou des « touts non bouclés », me semble applicable à ce que l'on peut imaginer comme le vécu autistique, macroscopique et microscopique.

Les gestes répétitifs, balancements et agitation des mains, servent à l'hypnose, mais aussi comme actions perpétuelles vers l'accomplissement de quelque chose qu'on n'achève jamais. L'effet d'anesthésie naturelle que ces gestes peuvent produire chez l'autiste est perpétuellement à renouveler ; il faut recommencer sans cesse, sans être jamais rassasié. Malgré des heures et des heures passées à se balancer dans son coin, c'est à croire que la boucle ne se referme pas.

On voit souvent des autistes tourner sur eux-mêmes en marchant, une fois dans un sens, à un point précis pendant le trajet aller, puis au même endroit au retour, mais en sens inverse. On dirait qu'ils se « remontent » comme une montre dans un sens, puis se « démontent » dans l'autre. Histoire de fermer quelque chose qu'on a ouvert, d'accomplir quelque chose qu'on a commencé. De l'équilibrage sensoriel. Essayez, chez vous. La sensation est nette.

Fermer toutes les fenêtres ; arranger toutes les bouteilles pour que toutes les étiquettes soient dans le même sens ; toucher du doigt tous les objets de la pièce, puis refaire le tout trois fois, toujours dans le même ordre ; tourner le fauteuil face au mur et ne pas supporter qu'on le déplace. On pourrait imaginer que la pulsion de boucler tous les petits détails que la personne autiste est en mesure de boucler sert à remplacer les choses plus importantes (pour nous) de la vie, infiniment plus abstraites, mais qui sont rarement, elles aussi, bouclées : travail, religion, art, réussite...

*

Martin est préoccupé par sa voix, il attend qu'elle mue, qu'elle devienne grave. Il demande quand cela lui arrivera ; il le demande cinquante fois par jour. Il déchire moins ses vêtements, il fait moins la télé brouillée, il jette moins ses affaires, il est moins obsédé par le magnétophone, il est plus avec nous.

Ainsi, Martin se préoccupe de sa croissance. Il se dit inquiet à l'idée de devenir adulte ; il s'en dit désireux ; il s'en dit impatient ; il s'en dit soucieux. Il a peur de perdre le Martin d'Avant, de devoir quitter à jamais celui qui était dans son monde tout le temps. Il veut savoir comment sera le Martin d'Après. Quand est-ce qu'il arrivera ?

Ce ne sera pas le même.

Martin s'interroge sur « le même ».

Dans la salle vidéo de l'institution, Martin et les autres regardent une cassette vidéo enregistrée il y a deux ans, et où figurent Martin et les autres dans la salle vidéo de l'institution. Sur le petit écran apparaît une chaise. Martin visionne la cassette, assis sur cette chaise. « C'est cette chaise-là ! » dit-il.

« Oui, Martin. »

Son visage se vide de toute expression, signe qu'il réfléchit.

« C'est pas la même. »

Le temps passe. Martin dit qu'il veut aller dans une école « normale ». Cela tombe bien, nous avons conçu récemment le projet de créer une classe intégrée au sein d'un collège près de notre centre. J'en informe Martin. Il se met à pleurer. « Je veux rester autiste ! » Les larmes jaillissent, les lèvres tremblent. Je discerne néanmoins l'ombre d'un sourire au coin de sa bouche, l'ombre d'une ombre de... C'est tout Martin, l'acteur joué par son rôle. Je lui dis que je comprends ça. Je lui explique que, s'il veut aller dans une école normale, il faudra, hélas, qu'il devienne plus normal et, donc, moins autiste. Je conviens qu'à sa place j'aurais peur aussi, mais j'ajoute que je serai toujours là pour lui.

Je prends une feuille de papier et je la divise en deux colonnes : ENFANT NORMAL et ENFANT AUTISTE. Dans la première colonne, j'inscris une liste de comportements qui décrivent un enfant normal et, dans la seconde colonne, une liste qui décrit Martin. Je lui en fais la lecture.

Martin pleure davantage.

« C'est toi qui décideras, Martin. Ce sera toujours toi qui décideras. Rien n'est gravé dans le marbre, tu pourras changer d'avis quand tu voudras. Tu pourras toujours redevenir autiste. »

Il me regarde droit dans les yeux, les larmes diminuent un peu, il me prend la main, approche sa tête.

« Je ne te cache pas, Martin, que moi, personnellement, ça m'arrangerait que tu deviennes un peu plus normal. Comme ça, tu pourrais faire plus de choses avec les êtres humains – tes parents par exemple, ton frère et ta sœur, moi. Le choix est à toi. Ce sera toujours toi qui décideras. »

Il se remet à trembler.

« Veux être autiste ! »

« D'accord Martin, si vraiment tu... »
« Veux être normal ! »
« Euh... Bon... Dans ce cas... »
« C'est quoi "gravé dans le marbre ?" »

*

Les jours pairs, je me dis qu'en fin de compte je vais acheter une île déserte ; que je vais prendre tous les autistes de la terre et les emmener avec moi, loin des sociétés de soi-disant êtres humains qui ne se sont jamais donné la peine de leur faire une place, de s'occuper d'eux, d'en prendre soin, de les aimer comme des êtres humains. Je les prendrai tous, et ensemble, entre eux, et près de moi, nous vivrons comme vivent les gens. Et ils seront enfin des êtres humains.

Les jours impairs, je me dis que non, en définitive...

La souffrance, de quoi est-elle faite, au juste – la nôtre, la leur ? Qu'est-ce qui distingue l'une de l'autre ? Combien pèse-t-elle ? Qu'est-ce qui constitue réellement la souffrance ?

Qu'est-ce qui constitue le contraire de la souffrance ?

Et si, en fin de compte, c'était le partage, l'apprentissage, la découverte, l'ouverture de l'horizon ? L'évolution ?

*

L'automutilation est courante chez la personne autiste. On se mord la main, les poignets ; on se tape doucement la tête contre le mur, en silence ; ou on l'y cogne en hurlant ; on s'arrache la peau par petits bouts ; on s'enfonce le doigt dans l'œil jusqu'au fond ; on utilise des objets – parfois des gens – pour se faire mal. En revanche, on ne se suicide pas.

On suppose qu'il s'agit de frustration, d'incapacité à s'exprimer autrement. Qu'il s'agit de sentir son corps, les frontières de son corps, ses limites ; que cette recherche de sensations relève d'une surcharge cérébrale de pentapeptides neuro-opiacés endogènes qui engourdissent, nécessitant des gestes violents pour obtenir un effet sensoriel équivalent à celui d'un simple claquement de doigts ; qu'il s'agit d'une haine refoulée contre une violence psychique inconsciente, prénatale, infligée par la mère à partir des fantasmes incestueux qu'elle a vécus inconsciemment pendant la conception et refoulés elle aussi.

Et puis, petit à petit, Martin se met à se faire mal, à déraper. Il vient nous voir en hurlant, les yeux fermés, le visage contorsionné : « Il y a quelque chose qui ne va pas ! Il y a quelque chose qui ne va pas ! » Certains pensent : « Martin le grand comédien nous fait des siennes, il veut qu'on s'occupe de lui. » Quand on lui demande ce qui ne va pas, il crie qu'il ne sait pas. Et puis, il se met à casser – les assiettes pendant le repas, les verres, les jouets. Puis il s'attaque à lui-même.

« Je veux redevenir le Martin d'Avant ! » Il se lance contre le mur.

La décision d'hospitaliser Martin est difficile à prendre. Il le réclame. Il veut des médicaments ; il veut être soigné par des médecins ; il veut – surtout – passer la journée en pyjama.

Après une nuit, il veut sortir.

Il sort.

De retour à la maison Martin s'applique à construire des murs de chaises entre lui et les objets qu'il ne peut pas s'empêcher de casser : l'horloge, le téléviseur, les miroirs. Il hurle comme un loup des heures durant. Il ne dort pas. Il frappe sa mère. « Je peux pas m'en empêcher ! Aidez-moi, AIDEZ-MOI ! »

Et pourtant, on remarque toujours, au coin de sa bouche tordue d'angoisse, cette ébauche de sourire, noyé à son tour dans les larmes de Martin, acides, authentiques. Martin tragédien... Martin jouant Martin... l'extravagance du faux fou. Est-ce l'œuvre d'un simulateur ? L'équipe de l'institution se divise sur la question.

Il y a, décidément, quelque chose qui ne va pas.

E. M. Forster a dit un jour : « Comment pourrais-je savoir ce que je crois si je ne vois pas ce que je pense ? » Sur une feuille de papier, dans le métro de Paris, je note mes idées en vrac, puis je les juxtapose, les superpose, les fais se frotter les unes contre les autres.

Le lendemain je soumets mon patchwork à l'équipe :

Schéma de réflexions récentes au sujet de Martin

Les comportements de Martin servent à le distraire d'une grande angoisse : l'angoisse d'un vide psychique chez lui, créée par l'absence des sentiments qui nous donnent, à nous, les autres, le sens de la vie, la sensation d'exister : l'Amitié, le Partage, la Générosité, la Reconnaissance, la Fierté, la Honte.

L'incapacité d'éprouver ces sentiments est le propre de l'autisme.

L'angoisse ressentie vis-à-vis de cette incapacité autistique est, par définition, une angoisse non autistique. (Être angoissé par un vide réel n'a rien d'autistique.)

Auparavant, Martin, angoissé par cet aspect de son autisme, utilisait les défenses autistiques classiques (stéréotypes gestuels, stéréotypes vocaux, isolement), pour se défendre contre son angoisse non autistique.

Mais depuis un certain temps, on voit nettement moins de stéréotypes et d'isolement chez Martin. On dirait que ses défenses autistiques classiques sont en voie de disparition. Mais, dans ce cas, quels moyens lui reste-t-il pour se défendre contre l'angoisse du vide créée par son incapacité à ressentir ces choses qui donnent un sens à la vie ?

Martin a trouvé le moyen d'utiliser l'angoisse elle-même comme défense contre l'angoisse : il la joue, et d'une façon qui la transforme en stéréotype (monotone, répétitive). L'angoisse que Martin exprime si haut et si fort aujourd'hui est donc authentique et fausse à la fois *.

Si les anciennes défenses autistiques classiques de Martin sont en train de disparaître, c'est sans doute que le vide chez lui est en train de se combler. On voit des ébauches de générosité, d'amitié, d'amour, d'orgueil. C'est le signe d'un progrès.

Il me semble que notre stratégie devrait s'essayer à faire disparaître, à son tour, le

* Je pense souvent à un passage de *L'Attrape-Cœurs* de J. D. Salinger. Dans le couloir, devant sa chambre d'hôtel, le jeune héros rencontre un voyou qui lui donne un coup de poing dans le ventre. Plié de douleur, il rentre dans sa chambre en pleurs, passant ainsi devant la porte ouverte de la salle de bains où se trouve un grand miroir dans lequel il se voit. Il s'arrête. Il remarque l'énorme souffrance affichée sur son visage, sa douleur manifeste, massive et réelle. Et alors il se met à en rajouter. Il cabotine devant le miroir, devient son propre héros blessé dans sa propre série noire.

nouveau système de défense contre l'angoisse, tout en essayant de combler le vide.

Comment faire ? D'une part, on peut mettre en place un protocole qui consisterait à anéantir graduellement ce système de défense en le privant de tout renvoi qui rendrait compte de son existence. D'autre part, il faut essayer d'apprendre le sens de la vie à Martin, en en discutant avec lui et, surtout, en lui en faisant la démonstration.

H. B., le 3 mars (jour impair).

Mais comment faire la démonstration du sens de la vie à un autiste, alors qu'il s'agit d'un sentiment personnel dont l'autiste n'est pas capable, puisque autiste ? Il va falloir le piéger.

Le Surmoi est une instance psychique freudienne. Les instances psychiques freudiennes ne sont pas des choses (elles n'apparaissent pas sur une radioscopie). Ce sont des groupes de fonctions psychiques : elles sont définies par ce qu'elles font, comme la gravité. (On ne peut pas voir la gravité, elle n'a pas de substance matérielle – ni atomes ni ondes –, on ne la connaît que par ses effets.) On observe le comportement de quelqu'un – ses états émotionnels dans telle ou telle circonstance, sa façon d'être – et on cherche à en décrire les mécanismes. Freud a inventé les instances psychiques pour expliquer le pourquoi du comportement humain comme Newton a inventé la gravité pour expliquer la chute des corps. Le jour où la notion de « gravité » ne sera plus efficace comme moyen d'expliquer la chute des corps, on trouvera autre chose. Il y en a déjà qui pensent que la notion d'« instance psychique » freudienne n'est plus le meilleur moyen d'expliquer le comportement humain.

Le Surmoi est la conscience de l'inconscient, il s'occupe de nos idées concernant ce qu'il est bien et ce qu'il n'est pas bien de faire ou de penser. Il est en quelque sorte nos parents en nous qui nous surveillent et nous contrôlent. La honte et la fierté, l'avarice et la générosité, l'ambition et l'humilité sont des effets du Surmoi.

Martin imite ses parents. Nous l'entendons tellement le faire dans l'institution que quand nous nous retrouvons devant Monsieur et

Madame, nous sommes souvent éberlués. Le contenu de ces imitations traite exclusivement de réprimandes. (Quand il se parle en imitant à la perfection la voix d'une dizaine de personnes différentes, Martin ne se dit jamais de gentillesses.)

Le Surmoi freudien fait partie de l'inconscient. On ne le sent pas agir. Il surdétermine nos actions.

Selon Freud, le Surmoi se construit à travers les processus d'introjection et d'identification. L'introjection est une sorte d'absorption psychique de quelque chose ou de quelqu'un en nous-mêmes. Ce processus nous fournit, par la suite, une représentation – inconsciente – de la personne ou de la chose. L'identification est la reconnaissance de soi en une personne ou une chose ainsi introjectée.

Tout cela est inconscient. Il ne s'agit pas de souvenirs simples. Il s'agit plutôt de souvenirs dont on ne se souvient plus, mais qui sont présents quand même, et agissent sur nous.

Martin ne possède ni la honte ni la fierté, ni l'avarice ni la générosité, ni l'ambition ni l'humilité – tous effets du Surmoi. Néanmoins, il se parle sans cesse avec la voix de ses parents, en tenant leurs propos. Il le fait consciemment. On dirait qu'il manipule des marionnettes « surmoïques ».

On dirait que le Surmoi de Martin se promène au-dehors – sans lui ?

Comment le faire rentrer ? S'il n'entre pas, par quel moyen Martin connaîtrait-il la fierté, la générosité, l'interdit... bref, toutes les qualités par lesquelles nous devenons des êtres sociaux et sans lesquelles la vie perd son sens... à moins de demeurer autiste, et Martin a déjà dit qu'il ne le voulait plus ?

Où se trouve, alors, l'introjecteur dans la psyché de Martin ?

Dans les années soixante, une étude importante a eu lieu aux États-Unis (Ekman, Levenson, Friesen, « Autonomic nervous system activity distinguishes between emotions », *Science*, 221, 1983, 1208-1210). Les sujets, des personnes normales, devaient obéir au chercheur qui leur demandait d'ajuster les traits de leur visage – le coin de la bouche comme ci, le sourcil comme ça. Le protocole était conçu de telle façon que les personnes ne pouvaient pas se rendre compte du type d'expression qui s'affichait sur leur visage à la fin de la manœuvre. Une fois le changement de visage effectué, les chercheurs interrogeaient chaque sujet sur l'émotion qu'il éprouvait. Systématiquement les sujets dont le visage souriait se déclaraient de bonne humeur, tandis que les sujets dont le visage affichait une grimace se disaient de mauvaise humeur. Plus important encore, les indications physiologiques associées aux émotions en question – tension, activité neurologiques, etc. – correspondaient également.

Jusqu'alors, les psychologues avaient toujours supposé que c'était l'état psychique qui déterminait le comportement. Cette étude a montré que l'inverse est également possible.

Et si le processus d'introjection – cette absorption inconsciente de quelque chose de l'extérieur vers l'intérieur de la psyché – pouvait être effectué à travers une action consciente, délibérée, comportementale ?

Martin est content qu'on refasse du « théâtre » ensemble. Il y a trois ans, on en a fait pendant un an. Au commencement de chaque séance, Martin me dictait les titres des pièces qu'il souhaitait jouer. (Parmi les œuvres les plus notables de la saison figuraient : MARTIN FAIT CACA DANS SA CULOTTE EN PRENANT L'ASCENSEUR, HOWARD OPÈRE MARTIN PARCE QU'IL A JETÉ SA CHAUSSURE CHEZ LE VOISIN, et JACQUES MAILLOL S'ENDORT DANS LA TÉLÉ BROUILLÉE.) J'en ai dessiné les affiches.

Mais cette année, ce sera différent. Il n'y aura pas d'affiche, et les pièces n'auront pas de titre.

« On va travailler la consolation, Martin. »

« Il n'y aura pas d'affiche parce que quoi ? »

« On va travailler la consolation. »

« *Alors, Martin, tu vas avoir de la consolation, et si tu la casses, ben, ce sera tant pis pour toi.* »

« Quand quelqu'un est triste ou bien angoissé, et qu'on tâche d'être gentil avec cette personne pour qu'elle ne soit plus triste ou angoissée, ça s'appelle la consolation. »

« Mon vieux, tu te débrouilles ! »

« Par exemple, ta maman... »

« Martin, ta mère est très fâchée ! Pas vrai, chérie ? Oui je suis très fâchée... »

« Martin... »

« Quoi ? »

« Est-ce que tu aimes ta maman ? »

« Oui ! »

« Tu sais que parfois elle est inquiète... »

« Veux la télé brouillée ! *Pas question* ! »

« Elle s'inquiète pour toi, Martin. »

« Elle est très, très inquiète... il a déchiré tous ses vêtements... »

« Alors, si tu l'aimes il faut que tu la consoles. »

Je fais la démonstration à Martin de « à quoi ressemble une personne inquiète ». Je le joue. C'est du théâtre. Je lui demande de faire comme moi. Quand il le fait, je le prends immédiatement dans mes bras. On répète la scène. Je le félicite de son jeu, puis on inverse les rôles : je joue la maman de Martin qui est très inquiète parce que Martin casse tout à la maison. Martin me prend, machinalement, dans ses bras. On répète. Puis je lui dis : « Fais-le comme pour de vrai. »

Je pense à ces chercheurs qui touchent tel ou tel ligament dans la joue de tel ou tel sujet du bout d'une baguette.

Martin me suit dans l'escalier.

« T'as l'air en colère ! »

« Tu vois, Martin, tu progresses déjà. »

« Pourquoi tu me dis ça ? »

« Parce que tu reconnais la colère. Avant, tu ne la reconnaissais pas. »

« T'es en colère parce que quoi ? »

« Tu sais bien. »

« Je m'excuse ! »

« Trop tard. »

« JE M'EXCUSE ! »

« Est-ce que tu sais pourquoi je dis que tu progresses déjà ? »

« Non. »

« Parce que tu as compris que je suis en colère... enfin, que je fais au moins semblant d'être en colère... »

« C'est pour de faux. »

« ... et que tu commences donc à pouvoir ressentir chez toi ce que sentent les autres. »

« Non... »

« Ça s'appelle l'empathie. »

« Je vais le casser... »

« Les émotions des autres. »

« C'est pas les mêmes. »

« Tu ne crois pas si bien dire. »

Trois mois plus tard, la mère de Martin m'a appelé, émue. La veille, Martin, au retour du centre, était arrivé très en retard à la maison. Quand il a franchi le seuil, sa maman lui a dit : « Martin, tu arrives enfin ! J'étais dans tous mes états ! » Et notre homme lui a répondu, dit-elle : « Ne t'inquiète pas maman, je suis là ! »

Ce fut la première fois de sa vie que Martin, quinze ans, avait consolé quelqu'un.

*

Il y a les émotions, puis il y a les sentiments. Ce n'est pas la même chose. (« Émotion » : *Réaction affective, en général intense, se manifestant par divers troubles, surtout d'ordre neurovégétatif, pâleur ou rougissement, accélération du pouls, palpitations – Petit Robert).*

Les autistes éprouvent bel et bien des émotions : colère, peur, joie, tristesse. Ils manifestent clairement ces émotions, plus clairement que la plupart d'entre nous. Les autistes cachent rarement leurs états d'âme. À l'opposé de la plupart d'entre nous, ils ne sont pas hypocrites.

En revanche, la façon dont les personnes autistes éprouvent leurs émotions, intérieurement, est sans doute différente de la nôtre.

Quand nous parlons de nos émotions, nous nous référons souvent, métaphoriquement, à des sensations physiques : de la tristesse comme d'une douleur, de la joie comme d'une sorte de chatouillement, du deuil comme d'un vide au cœur, de l'angoisse comme d'un nœud dans le ventre.

Je soupçonne que les autistes vivent leurs émotions d'une manière nettement moins métaphorique. Ce que nous appelons l'angoisse n'est pas pour eux « comme » un nœud dans le ventre – c'est un nœud dans le ventre. Ce que nous appelons la joie n'est pas pour eux comme un chatouillement – c'est un chatouillement.

La chose est subtile.

Dans notre vie normale d'adultes nous sommes souvent amenés à prendre des décisions. Notre méthode pour choisir est d'y réfléchir, de peser le pour et le contre. Cela s'effectue, nous le supposons, par notre intellect. Toute réflexion faite, et la bonne décision prise, nous éprouvons habituellement une sensation de détente. Nous nous disons que nous avons « l'esprit tranquille ».

« Avoir l'esprit tranquille », autrement dit, vivre une baisse ponctuelle des activités intellectuelles, voire cognitives, nécessaires à telle ou telle situation.

La détente est un processus somatique ; un relâchement de tension musculaire ou viscérale.

En général, nous imaginons que nous réfléchissons sur telle ou telle décision à prendre et qu'une fois prise celle que nous estimons la bonne, nous diminuons ponctuellement notre activité intellectuelle, et, par conséquent, nos muscles se relâchent, nous donnant ainsi la sensation de détente.

Et si l'ordre des événements n'était pas exactement celui-là ?

Je proposerais plutôt l'ordre suivant : nous réfléchissons à des décisions possibles, nous en faisons le tour, pesant le pour et le contre de chaque option. Au bout d'un temps, nos muscles se détendent. Cette détente se produit au moment précis de la réflexion sur une option particulière, la bonne, mais nous ne nous rendons pas compte tout de suite de cette détente, nos circuits cognitifs étant trop engagés encore dans la réflexion intellectuelle pour pouvoir traiter l'information somatique.

Est-ce donc les muscles et les viscères (intestins, vésicule biliaire, foie, pancréas) qui décident ? Sans doute l'ordre des événements est-il plus complexe, plus confus que cela. Néanmoins, les recherches actuelles soutiennent chaque jour davantage l'hypothèse que les viscères constitueraient un véritable système nerveux central auxiliaire (M. Gershon, « The enterie nervous system : A second brain », *Hospital Practice*, 2001). Dire métaphoriquement qu'on a « senti dans ses tripes ce qu'il fallait faire » a de plus en plus de sens empirique.

Les personnes autistes éprouvent certes des émotions, mais elles les ressentent de la même manière qu'elles vivent leur existence en général : d'une manière sensorielle, viscérale, directe. Mais les émotions en soi ne font pas d'elles des êtres sociaux. Martin s'était trouvé, dans sa période de crise, au bord du gouffre qui se situe entre l'état autistique, où l'on se suffit à soi-même grâce à la panoplie d'activités autistiques autogratifiantes dont on dispose, et l'état d'être social, où l'on compte sur des relations interpersonnelles pour donner un sens à la vie.

Les émotions en tant que telles ne suffisent pas pour accéder à l'état d'être social. Il faut pouvoir éprouver aussi des sentiments. (« Sentiment » : *État affectif complexe, assez stable et durable, lié à des représentations – Petit Robert.*)

La plupart des autistes, réduits à leurs propres moyens, ne connaissent pas la honte, la fierté, l'amitié, l'empathie, la compassion, l'orgueil ni la générosité. Les sentiments se distinguent des émotions par leur composante intellectuelle, à l'opposé de la nature physique et viscérale des émotions. C'est bien pour cela, d'ailleurs, que les sentiments se font plus rares, chez l'autiste, que les émotions.

Selon la plupart des écrits, le manque d'empathie (« Empathie » : *Faculté de s'identifier à quelqu'un, de ressentir ce qu'il ressent – Petit Robert*) est le propre de l'autisme.

Certaines études donnent à penser que le traitement des signaux perceptifs chez certains autistes les empêche de distinguer un sourire d'une grimace, un ricanement d'un sanglot ; les autistes seraient neurologiquement incapables de « lire » les sentiments.

Dans la vie quotidienne de notre centre, nous constatons que les personnes autistes ont tendance à ne pas réagir aux états d'âme d'autrui, ou bien à y réagir bizarrement, surtout quand il s'agit de petits camarades. Les pleurs d'un jeune peuvent rendre son voisin parfaitement hilare, et inversement. En revanche, nous avons souvent l'impression que nos jeunes sont hypersensibles à nos états d'âme à nous... nos déceptions, nos conflits entre nous, nos deuils. Je ne suis pas toujours de cet avis. Néanmoins, une chose est sûre : nous pouvons leur transmettre nos émotions. Il suffit d'en faire l'effort.

J'ai été étonné d'apprendre un jour qu'il existe des professionnels de l'autisme qui ne regardent jamais les autistes dans les yeux. C'est pourtant la chose la plus indispensable ! Il faut les regarder non seulement droit dans les yeux, mais avec un regard si accueillant, si ouvert, sans contenu ni jugement, qu'ils ne pourront pas nous résister. Il faut faire de son regard une maison, conçue exprès pour eux, la porte grande ouverte, peinte à leurs couleurs, meublée à leur goût. Il faudrait passer des heures, des années à travailler ce regard, à pouvoir le retrouver chaque fois avec chacun d'entre eux, à pouvoir le reconstruire. Parce que nous ne pouvons savoir quand la maison sera finie. Il n'y a qu'eux qui peuvent nous le dire, à travers leur regard à eux, droit dans nos yeux.

*

Martin devient généreux. Il fait des bracelets de perles et nous les offre ; il nous console quand nous n'allons pas bien. L'autre jour, il a traversé le réfectoire pour prendre dans ses bras deux éducateurs qui râlaient (une sale histoire de congés payés). Martin devient fier de lui quand il fait quelque chose de bien, et honteux quand il fait quelque chose de vilain. Il nous semble plus posé, et c'est cet aspect de son évolution qui nous touche peut-être le plus – les subtilités visibles d'une croissance psychique, le port de tête, l'expression sincère, le sourire authentique, le regard qui fait lien, les vraies larmes. Les clins d'œil au Martin d'Après.

*

J'ai toujours été fanatique de Tarzan. Je l'ai découvert à dix ans... un vieux film qui passait à la télé ; on ne m'en avait jamais parlé. À la fin du film, j'ai eu un immense chagrin – je pensais que jamais plus je ne verrais un film de Tarzan ; j'ai sangloté. Ce n'est que le lendemain que j'ai appris, extasié, qu'il s'agissait d'un cycle Tarzan qui allait se poursuivre tous les samedis matin pendant six mois. Je n'en ai pas raté un.

Néanmoins, au fur et mesure que le cycle Tarzan se déroulait, je me sentais de plus en plus mal. Un deuil s'installait en moi ; je me rendais compte que le cycle allait un jour arriver à sa fin, et qu'à ce moment-là je n'aurais plus la possibilité de regarder les films de Tarzan. Mes parents avaient beau m'expliquer que ce n'était pas grave du tout, que les films de Tarzan passaient régulièrement à la télévision, à droite ou à gauche, sur des chaînes différentes, et que ça ne finirait donc jamais... Que tous les enfants adoraient Tarzan, et que les chaînes télé avaient intérêt à perpétuer la chose.

Et pourtant, mon deuil ne me lâchait plus.

C'est lentement que je me suis rendu compte de la véritable nature de ce deuil. Je grandissais... un jour, je ne serais plus un enfant ; je savais que, ce jour-là, je cesserais fatalement d'adorer Tarzan. Ce qui me faisait plus peur encore, c'était que je savais pertinemment qu'au fur et à mesure que je cesserais d'adorer Tarzan je m'en ficherais de plus en plus – évidemment, puisque je l'adorerais de moins en moins.

Chaque nuit quand je disais mes prières au lit, en larmes je demandais à Dieu de faire en sorte que je n'arrête jamais d'adorer Tarzan.

J'avais peur, moi aussi, de perdre le Howard d'Avant.

*

Les jours impairs, quand je me retrouve seul, j'imagine parfois le Martin d'Après. Je le vois devant moi et on discute. La discussion est celle dont j'ai rêvé presque toute ma vie. On tient le sujet, comme tout le monde, et on digresse, comme tout le monde. Mais les digressions ne ressemblent guère à celles de tout le monde, les sujets non plus. La salade des voix, les associations d'idées, le coq-à-l'âne génial, le monde selon Martin. Et parfois, quand je me promène dans la rue, je me retrouve interpellé par une courbe. Cette courbe est invisible. Je ne la vois pas. Néanmoins, je sens qu'elle est là, qu'elle passe devant moi sur le trottoir. Parfois, c'est moi qui passe à côté d'elle. La courbe est toujours la même (je pourrais la dessiner). Elle ne représente rien. Mais elle évoque chez moi un sentiment de bien-être, une sorte de consolation. Demain, j'en parlerai peut-être avec Martin. J'ai hâte d'entendre sa réponse – la réponse, pour l'instant inimaginable, du Martin de Juste Avant le Martin d'Après.

2

DES YEUX POUR ENTENDRE

Enghien est une ville de la banlieue parisienne, renommée pour son casino et son lac municipal, sur lequel on peut, si le temps le permet, faire du pédalo. Un jour, j'y étais avec des amis, c'était un samedi. Assis à une terrasse, je me demandais si oui ou non, à notre âge, on pouvait se permettre de faire du pédalo quand, soudain, j'ai vu une chanson des Beatles.

Les chansons des Beatles, j'y pense moins qu'autrefois ; quand j'avais treize, puis seize ans, elles étaient sans cesse présentes à mon esprit et sur la platine de mon électrophone, et je les chantais en semi-professionnel dans un groupe d'imitateurs des Beatles au collège (nous faisions un tabac, et les réactions de certaines filles, celles qui, d'habitude, nous terrifiaient, j'y pense encore aujourd'hui).

Sur une terrasse donc, à Enghien, j'ai vu une chanson des Beatles. Je l'ai vue dans ma tête. Il ne s'agissait pas de la musique : j'étais incapable d'en siffler la moindre note ; ni des paroles, que je ne connaissais pas ; ni du titre, que j'ignorais.

Voilà la chanson des Beatles que je voyais dans ma tête :

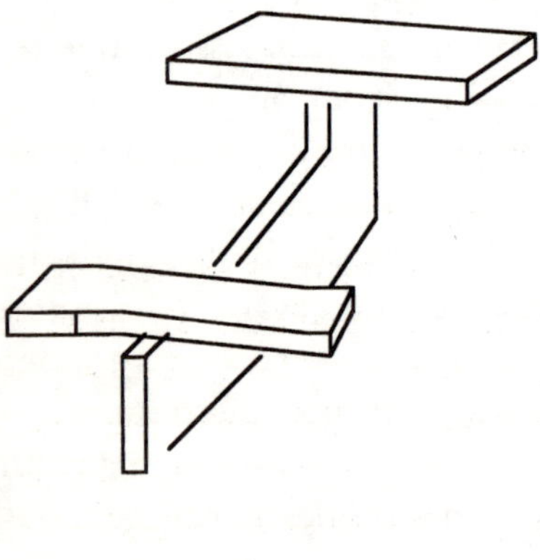

Cette forme, que je n'avais jamais vue auparavant, s'était imposée toute seule dans ma tête. Pour moi, il était évident que c'était une chanson des Beatles. Mais je ne savais pas comment c'était une chanson des Beatles. J'ai dessiné la forme sur une serviette en papier et j'ai expliqué à mes amis qu'il s'agissait du portrait d'une chanson précise des Beatles dont j'ignorais tout.

On a fini par faire du pédalo.

Le lendemain, en montant les deux marches du perron de mon amie, la musique, les paroles et le titre de la chanson en question me sont revenus d'un coup. Elle s'intitule *Things We Said Today*.

Things We Said Today se distingue des autres chansons des Beatles par une introduction à la guitare d'un rythme particulièrement tranchant, d'un son métallique, et par sa structure : couplet, refrain, et pont; chaque partie a un caractère musical différent des autres. Je la connais par cœur depuis trente-trois ans. La forme qui s'est présentée dans ma tête sans s'annoncer, je ne l'avais jamais vue de ma vie. Et pourtant, c'était incontestablement *Things We Said Today* rendue visible.

Pourquoi ? Pourquoi cette forme et pas une autre ? Pourquoi une forme géométrique tridimensionnelle et pas une couleur, par exemple ? Ou une odeur ?

En quoi la forme en question ressemble-t-elle à la chanson *Things We Said Today* ? En quoi une forme perceptible uniquement par la vue peut-elle ressembler à une chanson perceptible uniquement par l'ouïe ? (Écartons pour le moment l'existence de la chanson en tant que partition écrite.)

On pourrait dire que la forme se compose de deux « T », en miroir, et que ces deux « T » sont ceux de *Things We Said Today*. (On pourrait imaginer également que la forme ressemble à deux marches, comme celles du perron de mon amie, ce qui expliquerait que l'identité de la chanson m'ait été dévoilée à cet endroit précis ; mais cela n'explique pas en quoi la forme ressemble à *Things We Said Today*.)

Mettons la question en attente pour quelques instants. Parlons d'autre chose.

*

Je connais un jeune homme autiste, Victor, qui fait partie de la catégorie des autistes dits à capacité spéciale ou de haut niveau. Victor a vingt-neuf ans, il vient d'une bonne famille, il parle très bien, il est d'une intelligence normale et il manifeste des stéréotypies légères, qui ressemblent, du moins à l'œil nu, plus à des excentricités qu'à de véritables troubles de comportement. (Quand il s'ennuie, il agite deux de ses doigts d'une façon spéciale pour « faire passer le temps ». Pour Victor, le temps passe littéralement grâce à cette agitation digitale. Littéralement : s'il n'agite pas les doigts, le temps ne passe pas.)

Victor ne perçoit pas le monde qui l'entoure de la même façon que nous. Pour Victor, chaque être humain ressemble à une automobile précise, année, marque et modèle. Pour Victor, « la manière d'être » de quelqu'un (ou de quelque chose) peut seulement se décrire de façon exacte en utilisant certains mots qui n'existent que dans son lexique personnel. Les mots de Victor sont conçus pour leur sonorité, ils n'ont pas de racine sémantique ni de référence sonore objective (comme *tût-tût* pourrait faire référence à un train). Pour Victor, par exemple, les mots « peau de chatigrix » signifient « la manière dont était la Dauphine Renault dans son temps ». (Peau de chatigrix signifie également la manière dont je suis, moi, selon Victor. Victor confirme que ma façon d'être lui fait penser à la Dauphine Renault.)

Que la forme du visage ou la morphologie générale d'une personne puisse faire penser à telle automobile me semble facile à comprendre. Mais en quoi la sonorité d'un mot, sans racine sémantique et sans référence sonore objective, peut-elle décrire la manière d'être d'une personne, autrement dit l'ensemble de ses gestes, sa démarche, ses postures, ses expressions faciales et sa façon de parler ?

Bien que Victor puisse épeler à haute voix et avec précision les mots de son lexique, il est évident que c'est le son qui compte et non l'aspect visuel du mot écrit. Et bien que « la manière d'être de quelqu'un » comprenne sa façon de parler, le mot inventé n'a rien à voir avec la voix de la personne ni avec le contenu de ce qu'elle dit.

Pour Victor, ma manière d'être est un son. Pour moi, une chanson des Beatles est une forme tridimensionnelle rigide.

(Il m'arrive aussi de voir, les yeux fermés, des sortes de dessins animés. Il s'agit de centaines de petits personnages qui courent, grimpent et gesticulent frénétiquement dans des paysages de forêt ou de montagne. Cela change chaque fois. Je ne les ai jamais vus auparavant. Ils agissent de leur propre chef. Je n'arrive pas à les contrôler mentalement.)

Dans *Ma Vie d'autiste*, Temple Grandin nous confie deux éléments concernant son fonctionnement autistique sensoriel : elle « pense en images » et elle a besoin d'être touchée physiquement, mais d'une façon si précise qu'elle a dû inventer une machine pour le faire.

Comme beaucoup d'autistes dits de haut niveau ou à capacité spéciale (ou bien ceux qui entrent dans la catégorie du syndrome d'Asperger), Temple Grandin a tendance à comprendre littéralement tout ce qu'on lui dit. Quand on lui dit, par exemple, « je ferme la porte à toute proposition... », elle comprend qu'il s'agit d'une vraie porte, et elle voit la porte en question dans sa tête. Il ne s'agit ni d'un fantasme ni d'une hallucination. Il s'agit du mot entendu, mué aussitôt en image.

Quand elle était petite, Temple Grandin avait souvent envie qu'on la prenne dans ses bras. Mais chaque fois qu'on prenait Temple Grandin dans ses bras, elle hurlait, c'était pour elle une sensation physique intolérable. Ses parents ont fini par ne plus oser la toucher. Ce qu'ils ne pouvaient comprendre (à l'époque, elle ne parlait pas), c'est qu'elle avait besoin qu'on la serre dans ses bras, mais avec une force précise, ni trop ni trop peu, et en appuyant seulement sur certains points précis de son corps et pas sur d'autres.

Temple Grandin a fini par inventer une « machine à serrer », dans laquelle elle s'allonge deux fois par jour, munie d'une télécommande qui active une dizaine de coussins qui la pressent avec l'exacte force nécessaire, là où il faut.

Le cas de Temple Grandin nous intéresse doublement. D'une part, à propos de cette faculté de traduire visuellement une perception auditive, littéralement de voir ce qu'on entend et, d'autre part, à propos des réflexions qui vont suivre, concernant le sens tactile hors du commun de certains autistes. (Le terme de synesthésie désigne ce genre de « correspondances », et force est d'évoquer à ce propos le poème de Baudelaire et le sonnet « Voyelles » d'Arthur Rimbaud.)

*

Jacques est un adolescent autiste qui ne parle pas et qui manifeste des troubles du comportement considérables. Il passe beaucoup de temps dans la journée à se boucher les oreilles. Jacques s'intéresse néanmoins au piano. Il en joue des heures durant, sa musique consiste en deux notes jouées en alternance, qui changent en montant et en descendant, les intervalles s'élargissant et se réduisant. Tous les vendredis, il passe une heure en compagnie d'une violoncelliste qui l'accompagne en improvisant. La violoncelliste constate qu'il y a une raison aux choix d'intervalles de Jacques : la sixte est l'intervalle du malaise, la tierce majeure l'intervalle de la résolution et de la stabilité, la septième est celle de l'instabilité, etc. La musique de Jacques représente un voyage progressif dans le paysage des ressentis.

Un jour, le saxophoniste qui anime l'atelier musique dans l'établissement où se trouve Jacques décide d'expérimenter avec un grand tube en carton. Il met sa bouche à un bout et place l'autre bout contre l'oreille de Jacques, puis il y lance des vocalises. Il le fait à plusieurs reprises. Chaque fois, Jacques déplace le tuyau contre sa joue, se touche la joue après, puis regarde avec beaucoup d'intérêt dans le tuyau, les yeux écarquillés. L'animateur est persuadé que Jacques voit le son.

Des études ont été menées en France voilà quelques années (Martineau et *al.*, « Electrophysiological evidence of different abilities to form cross-modal associations in children with autistic behaviour », *Elec. Clin. Neurophysiol.*, 1992, 82(1), 60-66). Des enfants autistes étaient assis, seuls, dans une pièce sombre avec, sur les oreilles, un casque dans lequel on passait de la musique, tandis que des électrodes mesuraient l'activité sensorielle du cerveau. À un moment donné, on envoyait un éclair lumineux. Les résultats indiquent qu'après l'éclair, les sujets n'entendaient plus, leur audition ne revenant que graduellement au cours des minutes suivantes. Tel n'était pas le cas chez les enfants normaux. Une revue scientifique parla de ces études ; le chapeau de l'article était « Quand un autiste voit, il n'entend pas ».

*

J'aime la science. C'est à cause de ma véritable passion pour elle que je soutiens la position suivante : je crois d'emblée aux données scientifiques, mais pas forcément aux conclusions qu'on en tire. Mes expériences de tous les jours avec les autistes ne m'ont pas donné l'impression que « quand ils voient, ils n'entendent pas ». L'hypothèse me semble néanmoins intéressante : il existerait chez les autistes une sorte d'intersensorialité qui ferait que, par moments, leurs cinq sens interagissent, se remplacent ou se superposent.

Guy est un adolescent autiste qui ne parle pas, mais chantonne très souvent. Son répertoire, qui change en permanence, consiste en un mélange de vocalises originales et de bribes de chansons connues qu'il entend, j'imagine, chez lui, à la radio. Sa production vocale et ses interprétations musicales sont aussi surprenantes que merveilleuses. Par ailleurs, et fidèle en cela à sa qualité d'autiste classique, Guy est démesurément préoccupé par le placement géographique des objets qui l'entourent. Il ne peut ni se poser ni se concentrer sur quoi que ce soit, si toutes les portes de la salle où il se trouve ne sont pas fermées ; tous les appareils électroniques branchés ou débranchés ; toutes les lampes allumées ou éteintes. Chaque fois que Guy arrive dans une pièce, il déplace les meubles, les objets posés dessus et les choses accrochées au mur. Il sort certains objets de la pièce, en place d'autres par terre et prend soin que d'autres encore soient disposés dans tel ou tel ordre. Sa rigueur est impressionnante, sa volonté incontournable.

Pour des raisons qui ne nous concernent pas ici, il m'arrive à moi aussi d'avoir affaire aux objets qui se trouvent dans un local ou dans une pièce. En l'occurrence, il s'agit des loges de théâtre. Il y en a de toutes sortes – chic, grandes, petites, encombrées, spacieuses. Je les découvre en arrivant au théâtre et, si j'ai le temps, je m'amuse à me balader dedans, histoire de « sentir l'espace ». Il y a un certain nombre de choses que je dois disposer dans la loge : des tubes et flacons de maquillage à déployer dans leur agencement habituel sur une table, des instruments de musique à poser dans leurs étuis ouverts, un costume à pendre, des accessoires de poche à arranger également dans un ordre habituel et précis sur une table, créant ainsi une sorte de tableau, toujours le même, qui me permet de « sentir » visuellement s'il manque quelque chose.

Je me balade donc dans la loge, et je commence à sentir où je dois placer tel objet, quelle chaise il vaudrait mieux sortir, quelle table réorienter. Mon arrangement change de loge en loge ; il n'y a aucune règle à suivre et, à part le fait que je préfère me maquiller près du chauffage quand il fait froid, aucune raison technique ne préside à mes décisions.

À quoi tiennent-elles, alors ? Qu'est-ce donc, réellement, que « sentir l'espace » ?

Je juge que la disposition des objets dans l'espace est convenable par l'arrivée d'une sensation de bien-être. Il s'agit d'un bien-être physique, corporel, une sorte de détente musculaire, voire viscérale, sans contenu psychique apparent. Plus j'y réfléchis, plus toute explication « psychologique » me semble superflue.

Guy, quant à lui, éprouve-t-il une sensation de bien-être physique, une fois que son environnement est disposé convenablement pour lui ? Éprouve-t-il un mal-être physique quand ce n'est pas le cas ? Et si Guy sentait les objets autour de lui épidermiquement – épidermiquement et à distance ?

Est-il concevable que la même sorte de mécanisme interperceptif qui fait que l'audition et la vue se superposent, avec, comme résultat, l'annulation de l'un par l'autre, fasse, par un processus analogue, l'effet inverse – Guy sentirait sur la peau ce qu'il voit à distance avec les yeux ?

Et si la sensation de bien-être qui m'emplit une fois que tous les objets sont disposés convenablement dans ma loge, ou qui emplit Guy au réfectoire quand toutes les portes sont fermées, était la même qu'éprouve Temple Grandin après avoir passé vingt minutes dans sa machine à serrer ?

Tout le monde a fait cette expérience lors d'un long trajet sur une autoroute et éprouvé l'impression soudaine de n'avoir « rien vu » depuis quelques minutes. Autrement dit, nous n'avons pas toujours pleinement conscience de ce que nous percevons. De même, Guy n'a pas forcément conscience de la raison pour laquelle il se sent mieux une fois que les objets ont été redisposés.

*

Fehti panique. Son activité du matin est terminée, les éducateurs souhaitent qu'il descende au rez-de-chaussée avec ses camarades – le repas ne va pas tarder et ils n'ont que dix minutes pour ranger le matériel et remettre les meubles à leur place. Fehti ne veut pas descendre... il ne peut pas... Comme un démon, il s'affaire à déplacer les objets, grands et petits, durs et mous ; à les placer comme ci plutôt que comme ça (les éducateurs préfèrent les placer comme ça plutôt que comme ci), dans un tourbillon, essoufflé, trempé de sueur, tremblant d'angoisse. Les éducateurs insistent, ils éduquent : non, non, les chaises se rangent là, les matelas ici, les couvertures là-bas.

Fehti se met à hurler (sirène aiguë) ; il se mord la main gauche ; de la main droite, il tape sur les éducateurs. C'est une question de vie ou de mort pour Fehti. Un coup de pied dans la petite porte vitrée... le carreau explose... les éducateurs aussi. On expulse le jeune homme. On ferme la porte principale. Fehti s'attaque à celle-ci, il doit coûte que coûte rentrer de nouveau dans la pièce, il faut trois adultes pour l'en empêcher. Chaos.

J'arrive. (Décidément, ce n'est pas aujourd'hui que je vais pouvoir finir ce fichu rapport pour la DASS...). Je leur adresse un salut indien, la main levée (traduction en l'occurrence : lâchez-le). J'ouvre la porte, fais entrer Fehti, le regarde redisposer la salle, la vérifier, puis en ressortir.

Le déjeuner sera calme.

*

Damien fait partie du club des autistes dits savants. On lui dit une date de l'année et en quelques secondes, sans aide extérieure, il donne le jour de la semaine où elle tombe. Il adore le faire.

(Oliver Sacks, neurologue, a étudié ce don chez un petit nombre de sujets, il en a déduit qu'ils visualisent les jours et les dates en une sorte de « paysage mental ». Un coup d'œil leur suffit pour trouver la réponse. Cette hypothèse est intéressante pour ce qui va suivre.)

Damien est un grand gaillard, doux, à l'allure maladroite, sa démarche est raide (il boite un peu), il parle lentement, prononce mal ses mots, on le comprend avec difficulté. On le comprend.

Un jour que nous étions ensemble dans la rue, Damien s'est arrêté brusquement. Regardant dans le vide, il s'est mis à me parler. Je comprenais péniblement ses mots, prononcés un par un, mais pas du tout le sens de son discours, jusqu'à ce que, me retournant par hasard, je me retrouve devant un kiosque sur lequel étaient affichées les couvertures de divers journaux et magazines. Damien était en train de me les lire à haute voix. C'est à cette occasion que j'ai compris que Damien reconnaît les mots – il les mémorise comme autant de pictogrammes, associés chacun avec une prononciation précise, mais il ne serait pas capable de les déchiffrer syllabe par syllabe.

Depuis quelques années, Damien manifeste des comportements bizarres. Il pose l'oreille contre le mur et, après une attente visiblement calculée, tape deux fois dessus. On dirait qu'il l'ausculte. Il fait la même chose sur les radiateurs (ils sont grands chez nous, ça résonne). Damien vient souvent nous chercher pour que nous lui ouvrions les portes des pièces fermées à clé, dans lesquelles se trouvent des murs nécessitant cette procédure. Il insiste. Il y en a dans l'établissement pour le lui refuser ; d'après eux, il ne faut pas capituler devant ses manies, ses autismes. Mais quand Damien me sollicite, je ne peux que me mettre à sa place ; de là, les choses me semblent différentes. Je lui ouvre toutes les portes qu'il désire.

*

Quand j'étais petit, j'étais convaincu comme tout le monde qu'il y avait des monstres dans le placard de ma chambre. Comme tout le monde, je savais que, dans la journée, ils déménageaient ailleurs (conformément aux statuts de la Charte des monstres), mais que, la nuit, ils revenaient monstrueusement.

Pour bien fermer la porte de son placard, il convient d'appuyer fort sur la poignée. Pour la fermer très bien, il convient logiquement d'appuyer sur la poignée deux fois. Pour fermer la porte très, très bien... Arrivé à l'âge de cinq ou six ans, j'avais l'habitude, pour assurer ma sécurité, d'appuyer cinquante fois sur la poignée de la porte de mon placard avant de me coucher.

On sait bien qu'appuyer cinquante fois sur la poignée d'une porte de placard nécessite un investissement de temps considérable. Souvent, les enfants n'ont pas le loisir d'entretenir de tels protocoles. Par souci d'efficacité (et besoin de sommeil), je décidai un jour que toucher légèrement la poignée du doigt valait appui. Chaque soir, avant de me coucher, je touchais donc la poignée de la porte de mon placard cinquante fois de suite, très rapidement. Si je ne l'avais pas fait, je n'aurais pas pu me coucher.

La preuve de la nécessité de ce rituel est incontournable : c'est grâce à lui que je n'ai jamais été dévoré par les monstres de mon placard.

Ce qui est pertinent dans l'histoire du placard n'est pas le fait que je croyais qu'il y avait des monstres. Ce qui est pertinent, c'est que je m'étais convaincu que toucher légèrement du doigt la poignée de la porte de façon répétitive avait pour effet de la fermer davantage, alors que cette idée ne relevait d'aucune expérience vécue ni d'une connaissance acquise par ailleurs. Et pourtant je savais que si elle était fausse, les conséquences seraient mortelles pour moi.

Ce qui est pertinent, c'est que je ne me suis jamais donné la peine de remettre cette hypothèse en question, alors même qu'à l'époque je remettais tout en question, suivant les principes de travail d'Albert Einstein, d'une part, et de la recherche médicale, de l'autre.

Je crois qu'il existe chez certains êtres (humains et autres) un état psychologique particulier qui se situe entre la connaissance intellectuelle de la composition matérielle des choses (réelle ou non) ainsi que la façon dont elles agissent et interagissent, et les sensations physiques (forcément réelles) que l'action, l'interaction et la composition de ces choses provoquent chez nous.

(Toute sensation physique est forcément réelle, même si la source n'existe pas matériellement. Chacun sait qu'il suffit d'imaginer croquer un glaçon pour être pris de frissons.)

Quand je dois dormir dans un lit inconnu, j'ai toujours besoin d'un certain temps d'acclimatation. Pour m'y sentir bien, il faut que je dispose les oreillers de telle ou telle façon, les couvertures de telle ou telle autre. Dans certains lits, c'est allongé au milieu que je me sens le mieux, dans d'autres, près du bord (parfois le bord gauche, parfois le bord droit), comme j'ai dit que je me sentais mieux dans une loge de théâtre où j'ai disposé les chaises de telle façon, les tables de telle autre.

Dans le cas du lit, c'est encore plus compliqué. Outre la disposition des accessoires de literie et des objets qui entourent le lit, il y a les caractéristiques du matelas – trop mou, trop dur, affaissé à droite, ou à gauche. Géographie plus subtile encore – et plus pertinente dans ce qui nous occupe pour l'instant –, il y a le relief du matelas. Surtout quand, à l'hôtel, un peu usagé, il a connu un grand nombre de dormeurs. La surface en est forcément irrégulière, avec des creux et des bosses, toutes sortes d'inégalités à peine perceptibles ou trop évidentes. Ce sont des choses qui arrivent, et la plupart des dormeurs s'en accommodent sans histoire.

Mais pour un dormeur doué d'une sensibilité très aiguë, qui perçoit, avec les muscles, ou l'épiderme, la totalité de ces creux et de ces bosses, de ces rigoles et de ces éminences, jusqu'aux plus infimes, et, pire encore, pour celui qui y pense, la question est cruciale.

Alors que l'une et l'autre fonctionnent souvent de conserve, il convient de distinguer entre « hypersensibilité » et « préoccupation sensorielle ». L'hypersensibilité est essentiellement réactive : dans un univers où n'existerait aucun stimulus sensoriel, l'hypersensibilité n'existerait pas non plus. Tandis que la préoccupation sensorielle est active : elle agit comme un radar.

Par préoccupation sensorielle, j'entends l'état psychologique situé entre la connaissance intellectuelle de la composition matérielle (réelle ou imaginaire) des choses, de leurs actions et interactions, et les sensations physiques (forcément réelles) que ces choses provoquent chez nous.

Ce mot de « préoccupation » n'est pas synonyme d'obsession. Il désigne une grande disponibilité des sens : sans rechercher les sensations, on ne manque pas de les capter, même les plus subtiles, dès qu'elles se produisent.

Me voilà donc au lit dans une chambre d'hôtel, et je ne m'y sens pas très bien à cause des creux et des bosses du matelas, si infimes qu'ils soient. Je tente alors d'égaliser la surface du matelas en aplatissant les bosses et en regonflant les creux. Il me faut un certain temps, mais j'y parviens. Je me sens bien, je pense à autre chose, je m'endors tranquillement. Mais en tournée, tout est à recommencer le lendemain : nouvel hôtel, nouvelle chambre, nouveau lit, nouveaux creux et nouvelles bosses. Pour me sentir bien, je renouvelle la procédure de la veille. Jour après jour, je me heurte au même problème. Pour finir, sitôt que j'entre dans une chambre, je me préoccupe du matelas – tapant, tirant, étalant – avant même de m'être allongé dessus ; bref, et pour finir, je commence chaque fois par égaliser le matelas, même s'il n'en a nul besoin. Après tout, cela ne me prend que quelques minutes et m'assure que j'y dormirai bien.

Mes compagnons de voyage ne trouvent pas les matelas si mauvais que ça, certains d'entre eux n'en perçoivent même jamais les creux et les bosses. On évoque « la Princesse au petit pois », on se moque de moi.

Oui, j'ai beaucoup exagéré pour les besoins de l'anecdote : je ne passe pas ma vie à remodeler les matelas dans les chambres d'hôtel – et personne ne me traite de « Princesse au petit pois », du moins à ma connaissance. Il n'en est pas moins vrai que ces creux et ces bosses, ces rigoles et ces éminences, je les perçois bel et bien, je perçois les différences d'altitude entre le bord droit du lit et son bord gauche ; je perçois la proximité du mur, la distance à laquelle je me trouve de la fenêtre.

Ce qui m'empêche de passer ma vie à remodeler les matelas des chambres d'hôtel, c'est que j'ai d'autres préoccupations – tout aussi intéressantes – que ma préoccupation sensorielle. Ne serait-ce que dormir. On ne peut pas tout faire.

Étant donné la vie que je mène, le sommeil est une préoccupation constante : si je ne dormais pas la nuit, mon état serait bien pire qu'après une nuit de sommeil médiocre sur un matelas irrégulier.

Cette préoccupation du sommeil, l'autiste ne la partage pas avec moi. Sa vie n'est pas la vie que je mène. L'autiste n'a pas de compagnons de voyage pour le traiter de « Princesse au petit pois ». En aurait-il qu'il ne les comprendrait pas ou s'en ficherait complètement.

Livré à lui-même, l'autiste n'est pas assez socialisé pour croire que ces choses – remodeler chaque soir son matelas en tapant et en tirant dessus avant de se coucher – sont des choses qui « ne se font pas ».

*

Est-il possible que l'air qui emplit une pièce soit pour Damien plein de creux et de bosses qu'il perçoit et qui le dérangent ? Est-il possible que, ne disposant pas de moyens pour remodeler à son goût l'air qui emplit la pièce (comme je remodèlerais volontiers mon matelas si je n'avais pas été socialisé, c'est-à-dire si je n'avais pas de tout autres préoccupations), il se satisfasse de le déplacer tant bien que mal en le brassant de gestes précis de la main ? La preuve est faite de l'efficacité de cette technique puisque Damien se sent toujours bien dans une pièce après y avoir eu recours. Comme je me satisfaisais, faute d'autres moyens, de fermer tant bien que mal la porte du placard de ma chambre en tapotant à plusieurs reprises la poignée. L'efficacité de cette technique a été démontrée : les monstres qui habitaient mon placard ne m'ont jamais dévoré.

Pour Damien, comme pour moi, il s'agit de se donner l'impression de maîtriser une situation plus que de résoudre réellement un problème matériel. Peu importe que la porte du placard soit matériellement mieux fermée, que les molécules d'air soient matériellement mieux disposées dans l'espace. Peu importe la matérialité d'une situation, ce qui compte, c'est l'impression qui apporte le bien-être. Subjectives par définition, les impressions n'en reposent pas moins sur quelque chose d'observable. L'hallucination est bel et bien observable pour celui qui hallucine. Toute observation passe par les sens, et les aptitudes sensorielles de chacun d'entre nous sont différentes. Contrairement à moi dans mes démêlés avec ma porte de placard, l'autiste ne justifie pas ses impressions en se racontant une histoire. Je ne crois pas que Damien raisonne et se dise : « Puisque j'ai l'impression qu'il y a trop d'air par ici et pas assez par là, et puisque cela me gêne, je vais égaliser l'atmosphère de cette pièce en poussant les molécules d'ici à là. (Geste) Voilà, l'air doit être mieux réparti maintenant... Du coup, j'ai l'impression d'être plus à l'aise dans cette pièce. »

Quand le nez nous démange, nous nous grattons. Sans y penser.

*

La gestuelle des autistes est fascinante. On y constate une grande originalité dont on ignore la source.

Pourquoi ce geste-là plutôt qu'un autre ?

On convient que parmi les mouvements des autistes, certains rappellent ceux de divers religieux pendant la prière – balancement du torse ou de la tête – ou encore ceux des derviches qui tournent sur eux-mêmes pour accéder à l'extase ou à un vertige sublime. Diverses études sur les effets du jogging font apparaître une élévation significative du niveau de bêta-endorphine dans le cerveau et suggèrent que d'autres types de mouvements réguliers, énergiques et prolongés – tels que le balancement – pourraient provoquer le même état neurochimique. Comme d'autres pentapeptides, la bêta-endorphine fait partie de la famille des neuro-opiacés. Sorte de « morphine naturelle », ils ont une action analgésique et peuvent déclencher des états d'engourdissement ou de transe. On suppose que les autistes qui se balancent ou tournent sur eux-mêmes en éprouvent un grand bien-être (c'est moins coûteux que la morphine ou le whisky). Il est permis d'imaginer que cette gestuelle advient naturellement aux autistes – un jour ou l'autre, ils l'accomplissent par hasard, et le résultat est si gratifiant qu'ils recommencent fréquemment et pendant longtemps.

Mais la présence de certains autres gestes s'explique moins facilement. Divers types d'agitation des mains relèvent, semble-t-il, de la rubrique « hypnose » – les mouvements sont réguliers, rapides, toniques, et la personne les regarde fixement. (S'il est vrai que l'activité musculaire tonique, régulière et prolongée augmente le taux de neuro-opiacés, et si l'on accepte la notion de transmodalité sensorielle chez les autistes, on peut penser que le « spectacle » d'une activité musculaire tonique et régulière produit le même effet que son accomplissement.) D'autres formes d'agitation des mains semblent plus diffuses et dispersées, quasi involontaires, souvent gracieuses. Mais toutes présentent une qualité commune : elles ne changent jamais.

Il serait passionnant de suivre l'évolution de la gestuelle d'une personne autiste, de la filmer, d'en faire une rétrospective, comme cela se pratique souvent pour les chorégraphes ou les peintres.

On dit que l'autiste utilise ses gestes stéréotypés pour se couper du monde. Je suis prêt à convenir que le résultat obtenu est souvent celui-là, mais je ne pense pas que les autistes le conçoivent comme le but précis d'une action précise. Je ne pense pas que les autistes « décident » (à de rares exceptions près) de se couper du monde. J'imagine plutôt qu'ayant effectué un jour par hasard tel ou tel geste, ils en ont éprouvé l'effet gratifiant – disparition d'une douleur, engourdissement analgésique – et se trouvent ainsi incités à recommencer comme les « accros » à l'alcool, à la drogue, ou au jogging.

Mais qu'est-ce, au juste, qu'un geste accompli par hasard ? La psychologie cognitive propose le concept de « projet d'action ». On nous lance un ballon, nous le suivons des yeux, puis faisons le geste nécessaire pour l'attraper. C'est une procédure complexe : il faut estimer la vitesse du ballon et l'arc géométrique que décrit sa trajectoire pour le localiser à l'avance dans l'espace-temps – c'est essentiel pour permettre la formulation d'un projet d'action comprenant le calcul des coordonnées de cette localisation ainsi que celui du mouvement de la main (tenant compte de la vitesse relative) qui doit se retrouver aux mêmes coordonnées géométriques (en trois dimensions – donc, géométrie riemannienne) au même instant que le ballon. Négligeons les autres détails tels que l'ouverture et la fermeture des doigts.

On ne se raconte évidemment pas toute cette histoire chaque fois qu'on nous lance un ballon. Pourtant, quand nous saisissons le ballon, il ne s'agit pas à proprement parler d'un réflexe (« Réflexe » : *Réaction automatique, involontaire et immédiate – Petit Robert*). Vu la quantité d'information qu'il faut traiter, il intervient forcément une procédure de cognition.

*

J'arrive chez des amis que je trouve assis sur le canapé. La conversation s'engage, je m'ennuie un peu. Au bout d'un moment, je me mets à me tapoter les genoux. C'est un rythme de funk assez élaboré (adolescent, j'ai joué de la batterie). Très vite, je m'interromps. Je me rends compte que ce rythme, je ne l'ai pas choisi consciemment. Il me semble que j'ai décidé consciemment de me tapoter les genoux, mais je n'ai le souvenir d'aucune décision quant au choix du rythme. Le rythme funk – quatre temps avec une syncope sur le troisième –, je l'ai attaqué sans me dire d'avance ce que j'allais faire. Il y a pourtant eu sélection puisque je connais une centaine de rythmes différents, il ne s'agit donc pas d'un réflexe.

Mais de quoi s'agit-il ?

Il incombe aux sciences cognitives d'aujourd'hui de relever le défi consistant, pour une bonne part, à comprendre et à formuler d'hypothétiques procédures neurophysiologiques qui pourraient expliquer les phénomènes décrits ci-dessus, alors qu'on ne dispose pas pour l'instant des données neurophysiologiques nécessaires. On ignore encore ce que sont, neurologiquement, une pensée et une intention. C'est pourquoi les cognitivistes sont contraints d'inventer entre-temps des concepts originaux ainsi que les termes qui les expriment : facilitation réciproque, inhibition réciproque, enchaînement, superposition, décharge corollaire, sous-personnes dynamiques écologiques.

En tout état de cause, l'ensemble des recherches se concentrent sur les relations possibles entre la perception et les états sensoriels, et entre ceux-ci et les commandes motrices. Vu les particularités que présentent les autistes sur ces trois plans, il serait bon de suivre ces recherches avec beaucoup d'intérêt.

*

Certains autistes manifestent donc le besoin psychosensoriel de maîtriser leur environnement. Selon mon hypothèse, il ne s'agit ni d'un fantasme ni d'une hallucination. Le problème, comme sa solution, est vécu par l'autiste au niveau sensoriel, empirique, et donc réel.

Il a été démontré que la surface de l'épiderme d'une personne vibre microscopiquement quand on lui adresse la parole et, bien qu'abandonnées depuis, les hypothèses concernant l'existence d'une « mémoire cellulaire » (les cellules du corps pourraient « se souvenir » localement d'une blessure antérieure, sans activité mnémonique du cerveau) n'étaient pas en elles-mêmes dépourvues d'intérêt.

La recherche neurophysiologique d'aujourd'hui produit autant de questions que de réponses. On sait que les influx neuronaux des circuits sensoriels (olfaction mise à part) repassent tous par l'hypothalamus après avoir visité le cortex une première fois, avant d'y revenir définitivement. L'hypothalamus est le siège du système limbique qui est censé être celui qui traite nos émotions. Les neuropeptides opiacés endogènes jouent divers rôles dans les circuits sensoriels (ils réagissent contre la douleur et agissent à l'occasion comme neuromodulateurs et neurotransmetteurs) ainsi que dans la neurologie de nos émotions (on fait parfois référence aux endorphines comme à la « neurochimie de l'amour »).

La diversité de fonctionnement de ces substances, le rôle de carrefour sensoriel de l'hypothalamus et la notion de codage concernant les influx neurosensoriels peuvent-ils constituer les éléments d'un modèle neurophysiologique qui décrirait le fonctionnement d'une sensorialité transmodale chez certains autistes ?

Pendant mes études, j'avais tenté une esquisse de modèle neurophysiologique, censé expliquer certains effets relationnels constatés chez les autistes quand on les imite en leur présence – comment la perception visuelle et auditive d'un tiers se comportant exactement comme eux et en même temps qu'eux en leur présence pouvait favoriser la production d'une dose supplémentaire de neuro-opiacés.

Ce modèle postulait la création d'un double influx électrochimique – perceptif et proprioceptif * – de codage semblable chez le sujet. Tout en percevant l'autre, qui fait la même, chose que lui, l'autiste se perçoit lui-même et les deux perceptions sont donc codées de façon similaire, sinon identique, d'où la production de deux influx,

* J'utilise ici « proprioceptif » au sens – littéral et anglais – de « perception de soi-même » par opposition à la perception du monde extérieur.

semblables mais distincts, qui s'additionnent électrochimiquement, au point de stimuler la sécrétion supplémentaire d'opiacés dans l'hypothalamus, engendrant chez le sujet un état de bien-être qui explique l'amélioration des rapports affectifs avec celui qui l'imite.

Mon petit modèle neurophysiologique ne tient plus guère aujourd'hui. Et malgré les vaillants efforts des chercheurs, les neuropeptides opiacés neurochimiques propres à l'autisme et leur rôle sont loin d'être définis. (Le fait que les autistes sont très différents les uns des autres ne facilite pas la recherche.) On n'a pas beaucoup avancé non plus en ce qui concerne la nature du codage des influx électrochimiques. Or la réponse à ces questions est primordiale pour comprendre le fonctionnement de personnes qu'on suppose capables de voir ce qu'elles entendent et de sentir ce qu'elles voient.

En attendant, il n'est pas interdit de poser d'autres questions...

Quelle image mentale ferait-on naître chez Temple Grandin en lui disant : « Howard Buten est peau de chatigrix » ?

Que répondrait Victor si on lui demandait le mot qui représente « la manière dont est » tel tableau de Koshko ?

Que ferait Guy s'il se trouvait dans une pièce vide avec, au mur, des photos géantes de portes ouvertes ?

Et vous, que diriez-vous à quelqu'un qui, à la question : « Qu'est-ce que *Things We Said Today ?* », répondrait :

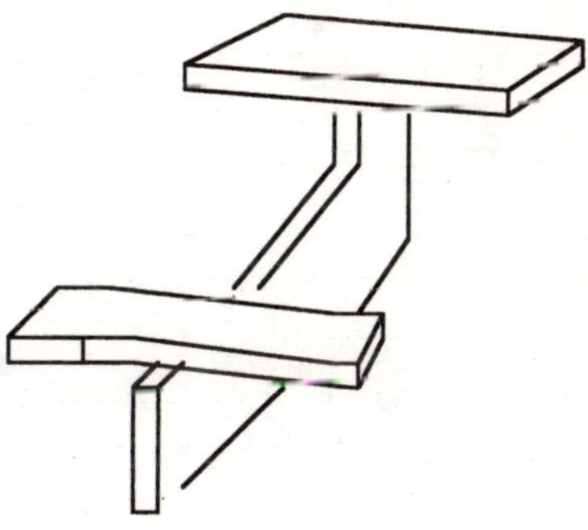

?

3

LA CARPE ET LE LAPIN

Il y a un certain temps, j'ai eu l'occasion de travailler dans un pavillon particulier au sein d'un grand hôpital psychiatrique de la banlieue parisienne. Le pavillon, un bâtiment sans étage, construit entre les deux guerres, et censé être provisoire, hébergeait depuis quarante ans deux sortes de personnes du sexe masculin – des handicapés mentaux d'un côté, des autistes et des psychotiques de l'autre.

Les handicapés mentaux vivaient dans des chambres individuelles, ou bien à deux ou à trois. Ces hommes partageaient leurs journées entre la salle de télévision, leur chambre, le couloir entre les chambres, et le jardin. Ils étaient habillés pour la plupart (ils le sont toujours, j'imagine) en survêtement. Leur âge moyen se situait, disons, entre cinquante et soixante ans. Je les croisais ici et là, ils se montraient toujours conviviaux – les victimes de la débilité mentale et surtout de la trisomie 21 sont souvent d'une gentillesse pathologique.

Les patients autistes et psychotiques dormaient dans une autre aile, dans un grand dortoir commun. Ils étaient une quinzaine, du même âge moyen que les handicapés mentaux d'à côté. Ils passaient la journée dans une grande salle vide, meublée uniquement de vieux bancs en bois qui longeaient les fenêtres de chaque côté. Au fond de la salle se trouvaient les sanitaires et les douches. Les infirmières lavaient les patients au jet. Le matin, ces patients-là erraient dans la grande salle, tournaient en rond, se roulaient par terre, face au mur ou pliés dans un coin, soit nus, soit en chemise AP, ces machins fermés dans le dos, qu'ils laissent nu, et que je baptisai aussitôt « chemises gâteuses », finissant par me convaincre que c'était ainsi que tout le monde les appelait.

Je me suis senti immédiatement chez moi.

J'avais été invité quelques mois auparavant par le médecin-chef du service à venir faire un exposé sur les effets de l'imitation sur les personnes autistes. J'avais en effet déjà consacré pas mal de temps clinique, depuis huit ans, à travailler dans ce sens, l'idée de se comporter comme un autiste parmi les autistes, d'être « eux » en face d'eux. Ayant été récemment « censuré », par une institution dans laquelle j'étais stagiaire et où je me permettais, contre la volonté institutionnelle, de pratiquer ce type de prise en charge (selon mes censeurs, imiter les autistes, c'est leur renvoyer le visage de la mort), je fus rassuré qu'un professionnel me fasse confiance au point de tenir à me fournir les moyens de poursuivre ma démarche. (Je comprends aujourd'hui que, n'étant que stagiaire, je méritais effectivement la censure, du point de vue de l'établissement en question.)

Le pavillon était peu fréquenté par les gens de l'extérieur. Les infirmières qui y travaillaient était renommées pour leur dureté. Certains stagiaires m'avaient dit – vrai ou faux – que l'existence de ce pavillon ne leur avait même pas été signalée lors de leur arrivée dans le service. Ainsi mis en garde, je me présentai en tremblant, casquette à la main, pour exposer mon projet à l'équipe du « pavillon perdu ».

Une fois le seuil franchi, cinq minutes me suffirent pour comprendre que j'étais tombé sur une équipe assez extraordinaire, dure à l'égard de tous ceux qui avaient peur de ce « pavillon perdu », qui l'évitaient d'office, qui ne voulaient pas y travailler ; une équipe prête à remuer ciel et terre pour le bien-être de ses hommes. En somme, un paradis clinique.

Le projet consistait en des séances individuelles avec trois autistes, trois fois par semaine, à raison de vingt minutes par séance, pendant lesquelles j'étais censé les imiter – geste pour geste, posture pour posture, vocalise pour vocalise – afin de constater l'effet de cette imitation sur eux. Pour que les séances puissent être analysées par les stagiaires, afin de noter les changements dans le comportement des sujets face à quelqu'un qui faisait exactement la même chose qu'eux, elles devaient être filmées par une infirmière, à l'aide d'une caméra vidéo située à l'extérieur de la pièce (un espace neutre, les quatre côtés définis par des rideaux).

Pour que l'étude soit effectuée dans les conditions les plus rigoureuses (celles de ce type ne le sont jamais vraiment), il convenait de choisir trois sujets, tous clairement autistes (et non pas schizophrènes, par exemple), et qui présentaient des comportements autistiques similaires. En outre, puisque chacun des trois devait me percevoir comme étant semblable à lui-même, il n'était pas souhaitable qu'ils me voient dans mon état normal par ailleurs. (Le protocole de l'étude précisait que chaque participant devait me trouver dans la pièce en entrant, vêtu comme lui et me comportant comme lui.)

En effet, à l'hilarité générale, la première chose que je fis en arrivant dans le service fut de revêtir une « chemise gâteuse » et des pantoufles de bazar (toujours les mêmes, partout dans le monde) et de m'introduire dans la grande salle, où j'exécutai toute la gamme des comportements autistiques – compilation de cinq ou six anciens patients que j'avais affectionnés tout particulièrement, une sorte de « best of » –, un autiste classique parmi les autres. Mais il s'avéra, hélas, qu'ainsi plongé dans mon rôle d'autiste, j'aboutis à être si bien coupé du monde que je fus incapable d'estimer réellement le comportement de mes compagnons. Je me résolus donc à demander à l'équipe d'infirmières de m'aider à choisir mes trois sujets, en insistant sur la grande similitude qu'ils devaient manifester entre eux. Pour leur faciliter la tâche, je proposai de leur fournir une liste de critères possibles. Afin de bien cerner le profil, et dans l'intérêt d'une démarche scientifique, j'établis une liste plus détaillée encore que celles qu'on trouve sur le marché (DSM-IV, CIM-10, CFTMEA).

La voici :

Autisme infantile
Critères de diagnostic

– *Le sujet se comporte comme s'il était seul alors qu'il ne l'est pas*

– *Absence totale de réaction quand on l'appelle*

– *Regard fuyant, difficile à accrocher*

– Résistance aux changements dans son environnement

– Ne manifeste aucun intérêt pour ce qui se passe autour de lui

– Utilise les personnes comme des objets

– Anomalies de langage : manque, écholalie, renversement pronominal, incohérences

– Gestes stéréotypés : agitation des mains, balancements, fixation sur des objets, gestes sans objet

– Marche sur la pointe des pieds

– Utilise la main de l'autre à la place de la sienne

– Aspect physionomique normal

– Possède des dons intellectuels exceptionnels (mémoire, calcul, dessin...)

– Déficit d'attention

– Affect plat : absence de manifestation d'émotion

Beaucoup des hommes du service étaient, à l'œil nu, bel et bien autistes. S'ils ne l'étaient pas à l'arrivée, ils l'étaient certainement devenus depuis – la vaste majorité d'entre eux étaient là depuis vingt ans au moins, certains depuis quarante, voire cinquante ans, et le phénomène de l'acquisition sur place des comportements stéréotypés est bien connu dans les hôpitaux psychiatriques.

Il nous fallut des dizaines d'heures – aux infirmières, au surveillant, et à moi –, à raison de deux ou trois réunions consacrées à cette seule tâche, pour parvenir à nous mettre d'accord sur la ressemblance clinique de trois messieurs dont chacun partageait un maximum de critères diagnostiques d'autisme avec les deux autres. Il s'agissait d'un certain Baba, d'un certain Momo et d'un certain Petit Jojo (à distinguer du Grand Jojo, autre patient du service). Ainsi assuré de la forte homogénéité de mon échantillon, j'ai entamé les premières séances dans l'ordre suivant : Baba, Petit Jojo, Momo.

*

Tout alla bien jusqu'à l'arrivée de Momo. Autant on pouvait dire que Baba et Petit Jojo se ressemblaient, c'est-à-dire qu'ils « avaient la même chose », autant il me fut impossible, et ce au bout de cinq minutes, de constater une pareille ressemblance entre eux deux et Momo.

Et pourtant, tous les trois correspondaient à la même majorité de critères diagnostiques. Deux ou trois minutes me suffirent pour constater que Momo, malgré la liste de critères diagnostiques établie avec tant de soin, se distinguait de ses deux « collègues ».

(Le déroulement – sur une vingtaine de séances – de cette étude et ses résultats n'entrent pas dans le cadre du présent livre. Si je me suis attardé dessus, c'est seulement pour montrer que, si longue et détaillée que soit la liste des critères de diagnostic de l'autisme infantile, elle prouve seulement qu'on peut décrire une pathologie, mais que cette description n'englobe jamais celle d'un être humain dans sa totalité.)

Reprenons la liste :

– Momo avait l'air d'être seul quand il ne l'était pas (parce que j'étais là), mais pas comme Baba et Petit Jojo.

– Quand il ne réagissait pas à l'appel de son nom, son absence de réaction n'était pas la même que l'absence de réaction des deux autres. (La plupart du temps, on croirait que les autistes sont sourds. Dans le cas de Momo, la question ne se posait pas, pour une raison qui m'échappe et que je ne saurais expliquer, il était clair qu'il entendait, mais ne réagissait pas.)

Et ainsi de suite...

*

La psychiatrie est une branche de la médecine. La démarche psychiatrique a pour modèle la démarche médicale. Vis-à-vis du patient que le praticien examine, on peut concevoir que la démarche médicale comporte quatre éléments principaux : 1) les symptômes, 2) la cause, 3) le nom de la maladie et 4) le traitement indiqué. Par « symptômes » on comprend les « anomalies somatiques » (autrement dit, les « comportements atypiques et néfastes du corps »). La « cause », ou étiologie, est l'agent ou les agents biologiques (y compris génétiques) dont la présence dans le corps est responsable des symptômes, observés. Le « traitement » est constitué des substances médicamenteuses à administrer à la personne manifestant les symptômes en question, qui auraient comme fonction de faire disparaître lesdits symptômes, ou bien d'un ou plusieurs actes à effectuer auprès de la personne dans le même but.

Nous pouvons imaginer quatre colonnes à remplir sur un tableau, étiquetées respectivement : Symptômes, Cause, Diagnostic, Traitement. Une personne arrive chez le médecin. Elle tousse, elle a de la fièvre. Utilisant son stéthoscope, le médecin constate de la congestion et la présence de liquide dans les poumons. Il note ces symptômes dans la colonne correspondante. Il consulte son petit livre de diagnostic (ou son expérience acquise) et lit « fièvre + toux + congestion + liquide dans les poumons = pneumonie bactérienne ». Il inscrit Pneumonie bactérienne dans la colonne Diagnostic. Les symptômes jouent un rôle déterminant sur le diagnostic. Ensuite, ainsi muni du diagnostic, le médecin consulte la rubrique Causes et il voit « infection à staphylocoques ». Le diagnostic joue un rôle déterminant sur la cause. Soucieux de pouvoir agir contre la maladie, le médecin regarde dans la rubrique Traitement et y lit « antibiotique ; pénicilline » – la substance qui tue la bactérie en question. La cause joue un rôle déterminant sur le traitement. Il prescrit donc de la pénicilline. Mais une semaine plus tard, le médecin apprend que les symptômes sont toujours présents chez le malade. La pénicilline (ou un autre antibiotique similaire) ne les a pas fait disparaître. Face à cet état de choses, le médecin sera obligé de remettre en cause son diagnostic – forcément, il ne s'agit pas d'une pneumonie bactérienne. Le traitement joue un rôle déterminant sur le diagnostic.

Les parents d'un jeune enfant remarquent qu'il se comporte bizarrement. Il semble distant, ne regarde pas sa mère quand il tète. On l'emmène voir un pédopsychiatre. Le pédopsychiatre pose beaucoup de questions à la famille, consulte l'histoire médicale de l'enfant, passe un moment avec lui. Il croit comprendre que l'enfant en question manifeste un grand nombre de comportements qui figurent sur la liste de critères diagnostiques de l'autisme infantile. Mentalement, il note les comportements inadaptés qu'il observe dans la colonne Symptômes et consulte le manuel de diagnostics. De fait, en fonction des symptômes observés, le manuel pose le diagnostic d'autisme infantile. Le psychiatre inscrit donc Autisme infantile dans la colonne Diagnostic.

Que va-t-il inscrire dans les deux autres colonnes, Cause et Traitement ?

Aujourd'hui, de nombreuses recherches dans des domaines différents nous fournissent une panoplie d'hypothèses concernant les origines de l'autisme. Il y en a qui soupçonnent certains vaccins contenant du mercure, qui stagnerait dans le sang, causant ainsi des empoisonnements qui empêcheraient le développement normal de l'enfant. On soupçonne les régimes alimentaires normaux, mais qui ne tiennent pas compte de possibles allergies au gluten, par exemple. On imagine la possibilité d'anomalies sensorielles innées – l'ouïe trop, ou pas assez, sensible, la superposition gênante de plusieurs sens à la fois. La recherche génétique actuelle commence à être en mesure d'identifier des éléments de plus en plus convaincants (des alignements d'acides aminés dans l'ADN, particuliers aux autistes) indiquant un rôle biologique congénital possible dans la genèse de l'autisme. Néanmoins, ces données sont loin d'être concluantes.

Il y a des personnes qui satisfont clairement à une majorité de critères diagnostiques de l'autisme, et chez qui on trouve une ou plusieurs lésions cérébrales. Ces lésions sont-elles sans rapport ? Peuvent-elles être, au contraire, considérées comme la « cause » de l'autisme de la personne en question ? Est-on en présence d'un véritable autiste, ou bien les lésions créent-elles simplement les symptômes ? Et si tous les symptômes nécessaires à un diagnostic d'autisme infantile sont là, quelle serait la différence entre un autiste « véritable » sans aucune lésion et un autiste « faux » présentant, de par ses lésions, tous les symptômes de l'autisme infantile ?

À ce jour, l'étiologie de l'autisme est inconnue, et un traitement sûr – médicamenteux, psychothérapeutique, nutritionnel, éducatif ou autre – nous échappe toujours.

Tant que les colonnes Cause et Traitement resteront vides, le diagnostic Autisme infantile servira surtout d'étiquette et guère plus. Les listes de critères diagnostiques et les étiquettes qui s'y rattachent font partie des outils standard de la recherche, leur utilité étant de permettre un échantillon homogène fiable. Malheureusement, les cas de figure contradictoires, comme celui qui s'est produit lors de mon étude avec Baba, Momo et Petit Jojo, remettent souvent en question cette utilité.

Dans notre métier, on parle souvent de « soigner la personne », plutôt que la « maladie ». Aujourd'hui, l'autisme infantile est reconnu comme handicap et pas comme maladie. Un handicap mental est inné – il ne s'attrape pas, et il ne se guérit pas (on fait abstraction ici des « handicapés mentaux » lorsqu'il s'agit d'un traumatisme crânien suite à un accident de voiture, par exemple). Temple Grandin est aujourd'hui une femme brillante (psychologue, ingénieur, auteur), mais qui se dit toujours autiste : elle ne peut fonctionner dans le monde que grâce à un traitement médicamenteux et à ses fameuses séances dans sa « machine à serrer » (voir chapitre « Des yeux pour entendre »).

Aucun remède à l'autisme n'ayant été découvert à ce jour, nous inventons et réinventons les « traitements » en fonction des spécificités de chaque individu dont nous assurons la prise en charge. Quoi que nous inscrivions sous la rubrique Diagnostic lors de l'entretien d'admission dans le bureau qui se trouve à l'étage, nous n'y pensons plus beaucoup une fois redescendus « au charbon », au rez-de-chaussée.

Le diagnostic, s'il est souvent inutile pour certaines choses, est nécessaire pour d'autres. En France, comme aux États-Unis, le diagnostic formel d'autisme infantile, signé par un médecin psychiatre, est requis pour avoir accès aux soins. Dans le domaine de la recherche, l'étiquette, à condition d'être accompagnée d'une liste de critères précis et appliqués, peut, après tout, aider à l'obtention d'un échantillon homogène (malgré l'expérience malheureuse du « pavillon perdu »), surtout si les sujets candidats sont évalués personnellement par les cliniciens qui exécutent le protocole de recherche par la suite.

On a souvent l'impression que les autistes diffèrent plus entre eux que les trisomiques, par exemple, ou les personnes atteintes du syndrome de Rett. De ce fait, nous avons l'habitude entre professionnels de décrire telle ou telle personne en faisant référence à une autre que nous connaissons : « Il s'agit d'un autiste très agité... Tu vois qui est Marcel ?... Oui, comme Marcel, sauf qu'il parle... Tu vois Esther ?... Oui, il parle comme Esther, mais sans le truc qu'elle fait qui ressemble à Raymond... » En effet, employer le terme « autiste » en premier lieu nous aide fort peu à imaginer la personne en question.

En France, les institutions spécialisées dans la prise en charge des personnes autistes prennent également en charge les personnes atteintes de ce qu'on appelle les psychoses infantiles. Comme l'autisme, les psychoses infantiles commencent, par définition, pendant la petite enfance. Comme pour l'autisme, on soupçonne aujourd'hui qu'il s'agit d'une condition plus au moins congénitale, innée donc, présente à la naissance, un accident génétique. Elles se distinguent en cela d'autres formes de psychoses qui se produisent plus tard dans la vie : le jeune homme brillant et convivial qui, du jour au lendemain, se met à entendre des voix ou à voir des choses qui n'existent pas. Diagnostiquement parlant, nous décrivons souvent tel ou tel membre de notre population comme « autiste avec des traits psychotiques » ou « psychotique avec des traits autistiques ».

À mon sens, le critère qui distingue le plus clairement un autiste de, disons, un cas de psychose infantile est cette étrange qualité de solitude constante – l'air d'être seul quand on n'est pas seul –, l'isolement psychique qu'on observe chez les véritables autistes, qui ne réagissent pas au bruits inattendus, aux cris et, ce qui est le plus frappant et qui en dit le plus long, ne se retournent pas quand on les appelle. En effet, ce trait, très particulier, est sans doute la caractéristique la plus déterminante de l'autisme. Dans les années quarante, on pensait que ces enfants-là (à l'époque, on ne songeait pas que les enfants autistes devenaient des adultes autistes) étaient sourds. Ils ne le sont pas. L'expérience montre que leur manque de réaction ne relève pas non plus d'une indifférence consciente. Plus curieux encore : bien qu'il soit rare qu'un autiste ne réagisse jamais quand on l'appelle, on n'arrive pas à comprendre ce qui détermine les incidences de réaction et de non-réaction. Les hypothèses concernant la possibilité d'un état sensoriel où l'exercice d'un sens empêcherait momentanément l'exercice d'un autre expliquent peut-être ce phénomène mystérieux. On peut imaginer qu'un mélange d'activités neurologiques sensorielles, d'une part, et d'activités psychologiques (concentration particulière sur autre chose au moment où on les appelle), d'autre part, plus, peut-être, un banal manque d'intérêt tout court, expliquera un jour cette façon d'être. En attendant, il convient de ne pas confondre ce trait de personnalité proprement autistique avec celui des gens normaux, mélancoliques, qui se sentent souvent « seuls dans la foule », et le manifestent. En cela aussi, les critères diagnostiques mis en vigueur peuvent enfin être utiles : le fils du voisin, branché vingt-quatre heures sur vingt-quatre à son Walkman, et qui ne quitte plus sa chambre ; votre belle-sœur qui ne dit jamais un mot quand elle vient dîner chez vous ; le facteur qui, en douze ans de service, ne vous a jamais

– pas une seule fois – regardé droit dans les yeux; et vous-même qui n'arrivez pas à ne pas vérifier cinq fois de suite que le robinet est bel et bien fermé avant de partir dix minutes chercher le pain..., vous n'êtes pas autistes. Les autistes sont les autistes.

Paradoxalement, l'évolution, les progrès éventuels des personnes dont nous avons la charge (et qui constituent le but avoué de leur prise en charge) ne nous aident pas à affiner notre diagnostic. En effet, une fois posé le diagnostic d'autisme infantile, il est d'usage de ne pas le modifier : autiste un jour, autiste toujours. On peut, à la rigueur, le nuancer un peu dans le sens de l'allègement ou de l'aggravation.

Ainsi, un enfant qui se coupait du monde en permanence, et pour lequel on avait donc posé le diagnostic d'autisme, peut sortir de son isolement. S'il consultait alors pour la première fois, on peut supposer que le diagostic d'autisme infantile ne serait pas posé.

Aujourd'hui, on parle tout simplement du « spectre autistique » qui comprend autisme et psychose infantile. Cette politique me semble être, de par son manque de précision, justement, la plus utile.

Et malgré les différences bien précises entre les autistes, les personnes atteintes de psychoses infantiles et votre belle-sœur, quand nous en parlons en public en France, nous ne nous donnons pas toujours la peine de distinguer entre ces handicaps différents – nous avons tendance, à tort, à dire « autistes » pour tout. Pour agir autrement, on se sentirait contraint de débiter le chapitre ci-dessus en totalité – cela prendrait trop de temps à la télévision.

4

ENNEMIS PUBLICS

Chez nous, on parle souvent de « cas lourds ». Cela peut faire référence à ceux auxquels leur pathologie confère un air de lourdeur, littéralement « pesant » : inertie, incapacité, manque de tonus, déficit, retard.

Un « cas lourd » peut encore être quelqu'un que sa pathologie rend particulièrement difficile à contrôler : violent, agressif, agité, dangereux. « Cas lourd » peut aussi définir une personne moins atteinte, moins imprévisible, pas agressive, mais qui est par ailleurs insupportable – envahissante, ennuyeuse, dispersée, antipathique.

Je m'intéresse tout particulièrement aux « cas lourds ». Je l'ai toujours fait. C'est un « cas lourd » qui m'a initié au monde des autistes.

*

Quand j'étais enfant, je voulais devenir médecin. À l'âge de huit ans, je dévorais les livres d'anatomie et de physiologie. J'avais trouvé un exemplaire de *Grey's Anatomy* dans le grenier d'une cousine et je le lisais tous les jours (je ne comprenais pas grand-chose, mais je regardais chaque mot, et, de toute façon, il y avait beaucoup de dessins) ; au bout d'un an, j'avais mémorisé la procédure de l'appendicectomie. Il se trouve qu'entre-temps j'avais également appris la ventriloquie, car je voulais aussi devenir artiste de music-hall, comme ma maman. La conjugaison de ces deux disciplines me permettait alors d'enlever et de remettre plusieurs fois par semaine l'appendice (un lacet de chaussure) de ma marionnette de ventriloque. Deux ans plus tard, je me suis attaqué aux opérations à cœur ouvert : une chaussette bordeaux roulée en boule. Cette phase prit fin brusquement suite au décès de ma marionnette qui tomba définitivement en miettes peu avant mon dixième anniversaire.

Pendant l'été de mes quinze ans, j'ai travaillé comme bénévole dans une colonie de vacances spécialisée pour adolescents myopathes. C'est là que j'ai rodé ma technique impeccable de la conduite de fauteuil roulant (en ajustant en permanence son appui vers le bas, sur les poignées, on peut soi-même faire fonction d'amortisseurs humains afin d'assurer une conduite très lisse, quelles que soient les irrégularités de la chaussée). Pendant les mêmes vacances, j'ai enchaîné avec un stage dans le laboratoire de pathologie d'un grand hôpital dont mon père connaissait le patron. Désormais, je passais chaque été dans une colonie de vacances spécialisée, différente, où se trouvaient des cas sociaux, des enfants psychotiques, des jeunes trisomiques. J'ai appris ainsi la raison primordiale de la bienfaisance : pour se faire du bien, agir pour le bien des autres, l'ultime égocentrisme. L'égocentrisme a toujours été mon sport préféré. À l'âge de vingt-quatre ans, donc, en feuilletant les pages jaunes, je suis tombé sur le nom d'une école spécialisée non loin de chez moi et, après avoir obtenu un rendez-vous avec le directeur, je m'y suis présenté pour y faire, une fois de plus, du bénévolat.

Seul dans la salle d'attente du Children's Orthogenic Center, j'attendais mon entretien. Soudain, un petit enfant entre. Il se jette par terre, effectue de façon extrêmement athlétique la gamme quasi complète des comportements bizarres qui, je l'apprendrai par la suite, caractérisent les personnes autistes : balancement, agitation des mains, bruits vocaux sauvages, automutilation (il se mordait la main). Il ne s'occupait pas de moi ; il ne me regardait pas ; pour ainsi dire, je n'existais pas pour lui.

Ma première réaction fut la fascination. En dehors de quelques dessins animés tex-averyen, je n'avais jamais vu un être humain se comporter de cette façon. Et comme tout un chacun découvrant soudain que ce qu'il avait toujours cru impossible existe bel et bien, j'ai été époustouflé.

Il s'appelait Adam S. C'était l'enfant le plus difficile de l'école, pas seulement en raison de son comportement tex-averyen, mais surtout à cause de son agressivité, de sa violence. J'allais apprendre plus tard qu'Adam S. mordait, pinçait, distribuait gifles et coups de tête à tout le monde, tous âges confondus, y compris lui-même, à longueur de journée. Mais là, dans la salle d'attente, je le trouvai tellement original qu'instinctivement je m'assis par terre à côté de lui et me comportai comme lui. Je voulais lui faire part, je crois, de mon admiration.

Dans les années à venir, j'allais beaucoup m'occuper d'Adam S. J'avais un « ticket » avec lui. Au début, cette admiration m'avait conduit à vouloir imiter ce garçon, pour voir ce que cela fait de se comporter comme lui toute la journée. Quelles sensations se procure-t-on en se balançant, en se mordant, en agitant les mains, en produisant de tels sons pendant des heures – heurtés, rauques, répétitifs ? Ces temps d'imitation, toujours en présence d'Adam S. lui-même, étaient pour beaucoup dans l'obtention de mon « ticket » et m'ont aussi aidé à concevoir le protocole que je mettrais en œuvre par la suite pour traiter son agressivité si spectaculaire.

Les crises de colère d'Adam S. le prenaient sans raison apparente. Il se roulait par terre, hors de lui, brassant l'air de ses membres, se cognant la tête contre le sol, prêt à griffer ou à mordre le premier venu. Ces crises cessaient toujours subitement, comme elles avaient commencé.

Adam ne parlait pas.

Tout le monde avait remarqué la résilience d'Adam S., sa résistance à la douleur. Baraqué, il était capable de grimper jusqu'en haut d'une grille de deux mètres, d'en tomber sur la tête, puis de poursuivre son petit bonhomme de chemin comme si de rien n'était, sans état d'âme. Il se tapait la tête en arrière contre le mur pendant des heures – aujourd'hui encore, quand je pense à lui, je vois la petite calvitie qui s'arrondissait juste au-dessus de sa nuque, à l'arrière de son crâne. Néanmoins, il n'avait jamais l'air de se faire mal. J'ai avancé l'hypothèse que ce garçon ne ressentait pas la douleur comme vous et moi. (Vingt ans après, on a découvert le rôle d'analgésique naturel que jouent les neuro-opiacés endogènes dans les comportements automutilateurs chez certains autistes.)

J'ai postulé qu'il ne parvenait pas à faire la distinction entre une agression et un câlin. Mais puisque Adam semblait ne pas comprendre nos paroles, comment allait-on faire pour lui communiquer cette différence ?

Un acte d'agression de la part de quelqu'un qui ne distingue pas la violence de la douceur n'aura d'existence réelle que si la personne qui subit ce geste le vit comme tel. Si une noix de coco me tombe sur la tête de quatre mètres de haut, mais que, grâce au casque de motard que je porte toujours, elle ne me fait pas mal, il n'y a ni agressivité ni violence – le cocotier ne l'a pas fait exprès, et, de toute façon, je n'ai rien ressenti de désagréable.

J'ai décidé de créer un microcosme où l'agression et la violence d'Adam S. n'auraient pas de répondant et, de ce fait, d'existence.

Les classes de l'école étaient fermées pendant les vacances d'été, mais le lieu restait ouvert pour d'éventuelles consultations. J'ai choisi un petit bureau peu utilisé, plutôt vide d'objets, avec une seule fenêtre et de la moquette. Nous nous y retrouverions deux ou trois fois par semaine pendant deux mois.

Au début, je passais le plus clair de mon temps à éviter les gestes agressifs d'Adam – griffures, morsures, coups de tête. Je le faisais calmement, avec des mouvements lisses et naturels, comme un taï-chi-chuan inventé sur place, sans le moindre signe de panique ni de désagrément. Les gestes agressifs non esquivables, je les encaissais tout simplement, toujours sans réaction, pratiquant une sorte d'autohypnose désensibilisatrice née de l'instinct de survie et aussi, je le suppose, d'une petite dose d'héroïsme égocentrique. À part ça, je l'imitais. Je faisais le miroir en face de lui. Je me balançais quand il se balançait, de la même façon et au même rythme. J'agitais les mains quand il agitait les mains, nous faisions cris et bourdonnements en même temps, je reprenais son strabisme, je me lançais contre le mur, je me mordais...

Hors séance et à la grande surprise de tout le monde, Adam me suivait partout, se collait à moi, m'obéissait. Le temps passait.

Nous sommes en séance, début du mois d'août. Adam est là, debout dans un coin de la petite salle, il émet une de ses vocalises favorites, « *sih-sih-sih* ». (Au programme, il y aura également « *ah-um, ah-um, ah-um UM!* » et, son grand standard, « *tik-a-tik-a-tik* ».) Je l'accompagne, debout moi aussi, dans le coin opposé. Je me rends compte de nouveau combien ces bruits sont agréables à produire : le petit « tapotis » dans les sinus, le serrement dans la gorge, la façon dont ça crispe la trachée et surtout cette apnée perpétuelle qui étouffe puis libère, qui agace et soulage tour à tour. Soudain, je laisse mes jambes se dérober et je tombe par terre en position assise, les jambes étendues raides devant moi. Et je dis « SIT ! » (« s'asseoir » en anglais). Sans hésitation, Adam s'assoit par terre. Il dit « sih ». Miracle. Je n'en crois pas mes oreilles. Je prends Adam dans mes bras, le secoue de joie. Il sourit.

J'aimais particulièrement le sourire d'Adam S., et plus encore, désormais. J'ai eu envie de le voir s'épanouir. Connaissant la méthodologie, je me mis à chatouiller Adam S. avec application – il adorait ça – tout en vociférant, fidèle à une tradition internationale, *tickle-tickle-tickle* (« guili-guili-guili »). En toute réciprocité, il faut dire qu'Adam réagit lui aussi selon la tradition, à quelques contorsions près. Puis je m'arrêtai (un temps), on se regarda (un temps), il fit un pas vers moi (un temps).

Et Adam S. dit « *tik-a-tik-a* ! » Je me remis à le chatouiller (*MUSIQUE*).

En l'espace d'un an, Adam S. acquerra un vocabulaire d'une quinzaine de mots, souvent – mais pas toujours – à partir de notre jeu d'imitation réciproque, toujours renforcé par le plaisir, chacun d'entre eux correspondant à une demande précise de sa part : être chatouillé, recevoir un bon yaourt quand il le demande avec des mots, monter sur un cheval de bois (« *raï hosse* » – *ride horse*, « monter cheval » en anglais).

Dans certaines institutions médico-sociales, les personnes les plus difficiles sont souvent les plus aimées. Adam S. était le chouchou incontestable du Children's Orthogenic Center.

Adam mordait beaucoup, les jeunes comme les adultes. Un jour, le directeur prit la décision d'affronter ce comportement de façon très sérieuse. Pendant quinze jours, nous avons tous porté à la ceinture un petit sachet dans lequel se trouvait une éponge imbibée d'une sauce très pimentée. Chaque fois qu'Adam S. mordait, on lui en mettait aussitôt sur la bouche. Cela brûlait très fort – le garçon hurlait, se tapait sur la tête, se roulait par terre. Trois pénibles minutes plus tard, nous étions tous autour de lui, une dizaine d'adultes, à le câliner, à le prendre dans nos bras. Ce protocole, douloureux pour tous, ne fit que renforcer notre amour pour Adam.

Adam a cessé de mordre dans les quinze jours qui ont suivi. Il n'a jamais recommencé.

Adam S. est devenu un homme (trente-deux ans aujourd'hui) digne, doux, semi-autonome. Il habite un appartement thérapeutique avec trois autres hommes autistes ; il travaille tous les jours dans un hôtel où il assiste les femmes de chambre dans leurs tâches ; il a un compte en banque ; il s'est acheté une télévision couleur.

Depuis les années cinquante, les idées reçues concernant l'origine de l'autisme infantile étaient celles des spécialistes d'obédience psychanalytique. Pour la plupart d'entre eux, l'autisme résulterait d'un traumatisme de la petite enfance – une mère qui n'aurait pas agi comme il aurait fallu avec son nouveau-né, qui n'était pas assez rassurante ou qui était trop distante aux moments critiques.

(Bien que Bruno Bettelheim reste la figure la plus représentative de ce point de vue, il convient de lire ses écrits antérieurs à *La Forteresse vide*, son livre le plus connu, pour comprendre que, d'une part, il n'a jamais été aussi catégorique sur cette question et que, d'autre part, il se contredisait assez souvent. À mon sens, Bettelheim imaginait plutôt qu'à un moment donné une série de circonstances engendrait, d'une façon aléatoire, une non-disponibilité de l'enfant pour sa mère. La mère le prenait mal, et il s'installait ainsi un « effet boule de neige » de distanciation psychologique réciproque.)

D'autres hypothèses psychanalytiques s'articulaient autour d'une fixation, également causée par un traumatisme quelconque pendant la phase dite *phase autistique normale* du développement qui se situerait dans les quelques semaines qui suivent la naissance et au cours de laquelle tout le monde serait normalement autistique, de par la présence normale d'un « pare-excitation » psychique dont la fonction serait de protéger le nouveau-né du « bombardement » sensoriel normal venant des cinq sens. Si par malheur un traumatisme, quel qu'il soit, arrivait au bébé pendant cette phase, l'enfant s'y figerait et y resterait, psychiquement coupé du monde.

Que faire alors ?

Selon certains, à l'époque, il fallait par la suite reconstruire – « corriger », donc – la petite enfance de l'enfant ainsi autiste, soit en le séparant de sa famille, source du traumatisme, soit en travaillant le traumatisme avec l'enfant en présence de sa famille, soit en en parlant à l'enfant afin de lui faire comprendre le pourquoi de son autisme.

Peu à peu, une meilleure connaissance du profil psychologique type de parents d'autiste (ce profil type n'existe pas) a abouti à ce qu'on abandonne, vers les années soixante, ces hypothèses d'un traumatisme de la petite enfance. Par ailleurs, les recherches des années quatre-vingt au sujet des véritables capacités sensorielles et relationnelles des nouveau-nés ont pu démentir l'existence d'un quelconque « pare-excitation ».

À la fin des années cinquante, une nouvelle école de pensée en psychologie a vu le jour, d'abord en Angleterre, puis aux États-Unis.

L'école béhavioriste, ou comportementaliste, se basait sur deux principes, l'un théorique, l'autre méthodologique : 1) tout notre comportement, les gestes aussi bien que les mœurs, est décidé et conditionné par notre environnement ; 2) les réflexions sur ce thème ne prennent en compte que les éléments empiriquement observables. On ne dit pas que la psyché n'existe pas ; on dit que, puisque seuls ses effets (hypothétiques) sont observables, on ne s'occupe pas d'elle dans la théorisation.

Dans les années soixante, plusieurs psychologues, notamment Eric Schopler, ont eu l'idée d'utiliser certains concepts de la théorie comportementaliste pour créer une nouvelle forme d'éducation pour les enfants autistes. À travers un système de « renforcement positif et négatif » (récompense et punition, pour le dire simplement), on pouvait apprendre à ces enfants renfermés et impénétrables à mieux tenir en place, à mieux se concentrer, à ne plus se faire mal, à ne plus faire mal aux autres, à parler, à être plus autonomes.

Il s'agit d'un projet personnalisé pour chaque autiste, à réaliser en prise en charge individuelle, ciblant les comportements inadaptés à faire disparaître (violence, dispersion, gestes stéréotypés...) et les comportements adaptés à faire apparaître (une plus longue durée d'attention, la capacité d'effectuer telle ou telle tâche de la vie quotidienne, la parole). Chaque fois que l'autiste manifeste un comportement inadapté ciblé, l'éducateur applique un renforcement négatif (exclusion de la pièce, isolation, réprobation verbale), et chaque fois qu'il réagit par un comportement adapté ciblé, l'éducateur applique un renforcement positif (friandise, félicitation, objet bien-aimé). La nature des renforcements négatifs peut varier selon l'envergure des comportements inadaptés et la nécessité vitale de leur disparition.

Le but de ces méthodes, dont la représentante la plus connue est la méthode TEACCH (il y en a d'autres), est clair : améliorer le comportement de la personne autiste pour qu'elle puisse mieux fonctionner dans une société conçue pour les gens non autistes. Leur efficacité doit beaucoup à la précocité de la prise en charge. Elle doit commencer dès que l'enfant arrive à l'âge de vingt-quatre mois. (Une intervention très précoce améliore les effets de toutes les démarches éducatives ou thérapeutiques. En France, aujourd'hui, alors que tout le monde s'accorde à le reconnaître, les institutions pour autistes n'interviennent qu'à partir de l'âge de six ans, ce qui ne facilite évidemment pas leur tâche. Aux États-Unis, l'intervention précoce a souvent lieu à domicile et comprend la formation des parents. Démarche qui ne semble guère appréciée en France.)

Ces méthodes éducatives de conditionnement sont les méthodes le plus couramment utilisées dans les pays anglo-saxons, aux Pays-Bas et en Scandinavie depuis trente ans. Elles ont pourtant été largement ignorées par la France jusqu'au milieu des années quatre-vingt et persistent aujourd'hui à y être mal vues par beaucoup : on estime qu'un tel système éducatif de conditionnement humain relève du dressage. Dans un centre spécialisé en France, j'ai proposé un jour un protocole d'apprentissage de la propreté pour une femme de dix-huit ans, très jolie, très déficitaire, contrainte de porter des couches.

Il s'agissait de l'emmener aux toilettes souvent et, quand elle y faisait pipi, de la récompenser joyeusement avec de la compote de pommes – friandise qu'elle adorait et dont on était assuré qu'elle la rendait joyeuse à tous les coups (contrairement à d'autres « récompenses » dont l'efficacité n'était qu'intermittente). Si elle ne faisait pas pipi aux toilettes, on ne réagissait tout simplement pas. La moitié de l'équipe éducative refusa de participer à ce projet, expliquant que la jeune femme en question n'était pas un animal et n'avait pas à être traitée comme tel. Quand j'argumentai que l'apprentissage ou non de la propreté déterminerait la qualité du lieu où elle avait des chances d'être acceptée, les éducatrices me répondirent : « C'est dommage. »

La notion de conditionnement existe dans la totalité des systèmes éducatifs. On reçoit des bonnes notes (récompense) quand on se comporte comme il faut. On est privé de télévision (punition) quand on ne se comporte pas comme il faut. Mais une récompense ne récompense rien si elle n'encourage pas la reproduction du comportement en question (renforcement positif), et une punition ne punit rien si elle ne décourage pas la reproduction du comportement en question (renforcement négatif).

La plupart des autistes dignes de ce nom se fichent royalement des bonnes notes et se contrefichent de la télévision. Pour les encourager et les décourager – pour les éduquer efficacement –, il convient de trouver autre chose.

L'efficacité relative de quelque méthode que ce soit dépend directement du talent de celui qui la pratique. Toute méthode dont l'action pertinente est censée se produire à travers des relations interpersonnelles (par opposition aux méthodes médicamenteuses ou chirurgicales) s'avère plus ou moins efficace en fonction des qualités humaines du praticien, y compris les méthodes dites de conditionnement : ce n'est pas la friandise qui récompense, c'est le respect et l'affection envers l'être humain qui la donne. Ce n'est pas l'exclusion qui punit, c'est le respect et l'affection de la personne exclue envers la personne qui l'exclut. Aucune méthode éducative ne peut être efficace en dehors de cet état de respect et d'affection réciproques. Les méthodes éducatives de conditionnement, appliquées avec rigueur mais sans respect ni affection, produisent au mieux des comportements machinaux chez les autistes. On dirait des robots. Dans le but d'éviter cette déshumanisation, d'autres formes de prise en charge plus éclectiques, comprenant quelques techniques de conditionnement, mais plus fortement centrées sur le relationnel, ont vu le jour, notamment les techniques d'apprentissage affectif de Stanley Greenspan.

Stagiaire aux États-Unis, j'ai pratiqué diverses techniques de conditionnement dans plusieurs établissements pendant une dizaine d'années, puis j'ai décidé de passer à autre chose. Le protocole antimorsure d'Adam S. serait impossible à mettre en œuvre en France aujourd'hui, pour des raisons déontologiques ; il serait même illégal. J'ai moi-même du mal à imaginer que je l'ai réellement appliqué dans le passé. Toujours est-il que de grandes problématiques exigent parfois de grands moyens. Il convient de savoir clairement où se situent les priorités – les nôtres, celles de la famille de la personne « incapacitée », celles de la société. Au moment où j'écris, je connais nombre d'adultes autistes qui, de par leur âge et à cause de leurs troubles du comportement dangereux – pour eux-mêmes et pour les autres –, n'auront bientôt plus de véritable prise en charge possible dans ce pays. Que les choses soient claires : leur avenir en France s'annonce nettement plus hideux que les méthodes nécessaires pour améliorer leurs troubles majeurs du comportement.

*

Au réfectoire, un jeune garçon s'approche de nous, nous tourne autour, le visage neutre. Sa démarche alterne entre des pas normaux et des petits sauts. On dirait que ses petits sauts sont involontaires, presque des réflexes, des explosions à l'intérieur de lui – des petites explosions qui le propulsent en avant, les yeux exorbités, la bouche pincée ; un gémissement en sort parfois. Ce garçon serait miné alors, habité par des mines. Mais, pour qu'une mine saute, il faut que quelqu'un lui marche dessus, et l'on ne peut pas marcher sur une mine qui se trouve à l'intérieur de soi. Qui marche donc sur les mines à l'intérieur de ce garçon ? Qui y a-t-il là-dedans ?

Maintenant, il fixe le front de l'un d'entre nous, il n'arrive plus à en détacher son regard ; ses yeux s'agrandissent.

Nous parlons entre nous (forcément quelque chose de très important à propos de quelque chose...) ; le garçon s'approche par-derrière (... les trente-cinq heures, par exemple) et, dans un éclair, son bras est parti. Les doigts de sa main courbés en griffe... Ses griffes... Sur le front de l'autre, on commence à voir du sang, les yeux en sont inondés, ils ne voient plus. En l'occurrence, ce sont mes yeux.

Hakim ne ressemble pas exactement à ce qu'on appelle, pour aller vite, un autiste. Il ne se renferme pas derrière un « mur invisible ». Il nous regarde droit dans les yeux, il cherche toujours à être près de nous, trop près même. Son visage est très expressif et, à part quelques gestes stéréotypés classiques – regarde fixement les doigts de sa main qu'il brandit au niveau de sa tête, tourne sur lui-même comme un derviche –, on ne constate pas la plupart des caractéristiques qui font de quelqu'un un autiste, pour aller vite.

Il mord, en revanche. Il nous tape sur le crâne. Il nous griffe les yeux. Il nous lacère les mains. Il nous casse des assiettes sur la tête. Il nous crache à la figure, puis il s'en va, hilare.

Néanmoins, le dossier de Hakim, daté d'il y a quelques années, le décrit comme un autiste classique – replié sur lui-même, seul dans son monde, manifestant beaucoup de gestes stéréotypés. Bien différent alors du Hakim que nous recevons au centre aujourd'hui : le Hakim qui ne veut surtout pas être seul, le Hakim qui nous fixe, qui nous cherche et qui nous trouve. Ce Hakim-là semble plus psychotique qu'autiste.

Pour nous, il y a peut-être de quoi être fier. Les idées reçues, et qui règnent toujours, concernant l'autisme et les psychoses infantiles voudraient que l'état psychotique soit plus « évolué » que l'état autistique – l'autiste qui progresse accède à l'état psychotique, selon les idées reçues. Une sorte de promotion donc. Mais l'autiste promu de son autisme à la psychose peut, par la même occasion, se trouver saisi d'une ambivalence fulgurante – à l'opposé de l'autiste qui, classiquement, préfère rester seul, il veut être près d'autrui, mais sitôt qu'il l'est, il en est terrifié. Sa réaction contre cette terreur de l'autre est l'agression.

Je me méfie des idées reçues en général, et les idées reçues concernant les psychopathologies graves, je m'en méfie encore davantage. (Je ne crois pas que l'état psychotique soit toujours plus « évolué » que celui de l'autisme.) Nous manquons tellement de connaissances (« Connaissances » : *Ce qui est connu, ce que l'on sait pour l'avoir appris – Petit Robert*) et de données fiables que l'on pourrait argumenter, sur un pied d'égalité, n'importe quelle hypothèse et son contraire.

Une chose est sûre : Hakim est dangereux.

Je m'assois sur une table au réfectoire. Nous sommes en train de regarder le film d'un voyage de l'établissement en Bretagne, l'année dernière. Sur l'écran, Guy est en train de monter à cheval pour la première fois. (Applaudissements de tous.) Je regarde. Du coin de l'œil, je remarque Hakim qui arrive à l'autre extrémité de la salle. Je n'ai pas envie, pas maintenant. La journée jusque-là a été pénible. Le dos de mes mains est couvert de plaies, des griffures à n'en plus finir de qui vous savez. Je me fais très mal chaque fois que j'enfile mon blouson. J'enfile mon blouson souvent ces jours-ci, histoire d'aller prendre un café à l'extérieur, seul.

Au réfectoire, nous applaudissons une nouvelle fois Guy sur son cheval. Hakim s'est avancé dans la salle, il vient vers moi. J'en ai assez. Je ne le regarde pas. On en a parlé l'autre jour, à la grande réunion du lundi. Toujours les mêmes éducateurs qui râlent : je n'en peux plus, je ne suis pas là pour me faire mordre et griffer toute la journée... Je les ai informés que si. Je leur ai rappelé la phrase de notre charte fondatrice du centre : « La dangerosité, l'envergure des troubles de comportement et la profondeur de la pathologie ne seront jamais des critères de refus d'admission... » Je leur ai expliqué : ou bien Hakim est réellement diabolique, auquel cas il convient de le tuer, ou bien il est très malade, et la mort ne figurera pas parmi nos options.

Ce film m'ennuie. Je l'ai déjà vu deux fois. Je vais faire semblant de m'y intéresser. Voilà Hakim qui arrive. Surtout, ne pas le regarder. Je n'ai pas envie. (Guy est toujours sur son cheval, alors quoi ?)

On dirait que quelqu'un est en train de s'allonger sur la table à côté de moi. Et qu'il prend ma main couverte de sang, puis mon bras, et qu'il les met autour de lui. Hakim s'endort, la tête sur mes genoux. Il y dormira jusqu'à la fin du film, jusqu'à ce que tous les autres aient pris leur goûter et soient partis, jusqu'à la fermeture de l'institution pour aujourd'hui, jusqu'à demain. Je me rends compte maintenant que mes mains ne me font plus mal. Je ne bouge pas ; je ne bougerai pas.

Chez nous, on entend régulièrement des histoires. L'histoire de l'enfant parfaitement normal qui sombre dans l'autisme suite à l'arrivée d'un petit frère ou d'une petite sœur. Nous entendons l'histoire du jeune enfant plein de vie, à l'hôpital pour une otite ou une angine, et qu'on retrouve là, à l'hôpital, quelques jours plus tard, parfaitement autiste. Nous les entendons régulièrement, ces histoires, mais pas assez souvent pour nous permettre d'en inférer une hypothèse honnête concernant la véritable cause de l'autisme. La véritable cause de l'autisme, on ne la connaît pas.

Les parents de Hakim nous disent que leur fils était un bébé normal et que ce n'est que vers l'âge de trois ans, le jour où il s'est trouvé remplacé au sein de sa mère par son petit frère, que tout s'est mis à déraper.

Pour certains théoriciens de l'école psychanalytique, le sein de la mère représente le monde entier pour le nouveau-né. Si quelque chose se passe mal pendant l'allaitement, alors le bébé peut en porter des séquelles psychiques. Ce qui se passe mal peut être réel ou fantasmatique pour le bébé. (Je me suis toujours demandé à quoi ressemblait le fantasme d'un bébé âgé de trois semaines !)

Pour Melanie Klein, le sein, autrement dit l'Objet, peut être vécu par le bébé comme Bon Objet ou comme Mauvais Objet, selon la manière dont se passent les premières semaines de sa relation avec sa mère. Si cette relation s'avère compliquée (ou vécue comme telle), le bébé peut devenir ambivalent, vivant le sein tantôt comme bon, tantôt comme mauvais, tout comme un petit enfant qui se fait mal en jouant avec son jouet préféré – disons une voiture mécanique, quand le petit ressort lui saute brusquement à la figure. Il continue à en être très amoureux tout en étant, désormais, très méfiant.

Puisque le sein, selon ces théoriciens, représente tant de choses pour le bébé, on peut imaginer que cette ambivalence le concernant peut se projeter sur d'autres « seins » – d'autres Objets, d'autres personnes – qui seront importants pour l'enfant, à mesure qu'il grandira.

En tant que professionnel, je me dois de me méfier des explications psychologiques basées sur des causes invisibles et les souvenirs subjectifs des autres. Chaque jour, dans le monde, des centaines de milliers de bébés se trouvent remplacés au sein par un petit frère ou une petite sœur sans pour autant devenir autistes ou psychotiques, et nous avons beau constater que ce qui est traumatisant pour les uns ne l'est pas forcément pour les autres, tant que nous n'aurons pas la connaissance nécessaire pour argumenter le pourquoi de cette sélectivité – une véritable description du véritable mécanisme responsable –, ce seul constat n'aura aucune valeur clinique réelle.

Hakim est attiré par nous. Il se rapproche de nous en permanence. Et s'il était envahi, une fois parmi nous, par une méfiance fulgurante à notre égard, une méfiance tellement forte que non seulement il doive nous attaquer en nous griffant et en nous mordant, mais qu'il doive en plus nous humilier, en nous crachant à la figure ? Malgré toute ma méfiance à l'égard des hypothèses sans base empirique, quand je vois le visage de Hakim qui fait les cent pas devant nous, je ne peux m'empêcher d'y voir celui d'un enfant qui regarde sa maman en train d'allaiter le nouveau petit frère qui a pris sa place.

Le choix de la méthode de prise en charge de Hakim doit tenir compte de notre absence de moyens institutionnels face à ses comportements agressifs. Exception faite de quelques situations précises avec certains encadrants précis, nos tentatives sont peu efficaces – nos punitions n'ont pas d'effet punitif sur Hakim, Hakim n'est pas punissable. Les effets du traitement médicamenteux sont inconstants. Nous arrivons tant bien que mal à neutraliser momentanément les pulsions agressives de Hakim, mais nous n'arrivons pas à pérenniser l'amélioration ponctuelle de son état. L'évolution de Hakim – ou sa non-évolution –, comme celle de tous les jeunes du centre, dépend de la totalité de sa prise en charge institutionnelle. Pour Hakim, il s'agit d'une prise en charge « étanche ». Il faut s'occuper de lui à chaque instant. On le réceptionne à la porte le matin ; on ne le quitte pas des yeux de toute la journée. Chaque seconde en sa présence doit avoir une raison d'être : attaquer ses problématiques, exacerber ses atouts.

Trouver une raison d'être nouvelle pour chaque minute s'avère fatigant ; attaquer ce que nous n'arrivons pas à comprendre nous frustre.

On n'y tiendra pas.

Deux personnes particulières de l'établissement ont des rapports privilégiés avec Hakim : la maîtresse de maison et le maître de maison (anciennement la responsable de la cuisine et l'homme d'entretien). L'impassibilité nécessaire pour se faire à ce jeune homme leur est naturelle. Ni l'un ni l'autre n'ont jamais subi la moindre agression de sa part – pas une griffure, pas une morsure. Les éducateurs en sont admiratifs, voire jaloux, et moi aussi. Certains ont su profiter de l'exemple ; ils arrivent à se rendre impassibles en présence de Hakim : on engage moins son regard, on maintient une distance convenable – distance psychologique aussi bien que géographique –, on renonce à la sensiblerie. Ainsi, l'accompagnement devient plus facile.

Pour nous, l'équipe dite « soignante », une question intéressante se pose : une certaine impassibilité dans l'encadrement de Hakim nous aide à neutraliser son ambivalence ; pour éviter de nourrir cette ambivalence, il faut éviter de lui manifester notre désir d'engagement affectif avec lui (alors même que ce désir existe bel et bien). Cette impassibilité nous permet de maintenir Hakim dans un état psychique convenable.

Mais est-ce qu'elle soigne ? Est-ce qu'établir un cadre dans lequel l'ambivalence n'aura pas l'occasion de se réveiller guérit pour autant Hakim de cette ambivalence ? La trithérapie contre le sida : bien que les molécules maintiennent les virus VIH dans un état neutre en empêchant leur possibilité d'attache, les virus existent toujours, prêts à attaquer de nouveau dès que les éléments neutralisants ne seront plus présents.

J'imagine Hakim dans une situation de vie où la totalité des personnes autour de lui seraient dotées de cette impassibilité, où son ambivalence ne se manifesterait donc jamais. Mais dès qu'il en sort ? Vivre en circuit fermé ne va pas dans le sens de l'intégration sociale, essentielle pendant les jours impairs (voir chapitre « Imposteurs »).

Tout l'établissement souffre du cas Hakim. Sa violence joyeuse interpelle profondément certains membres de l'équipe : les mains griffées en permanence – le dos de la main, là où la peau est moins épaisse, tendue sur un fond dur d'os –, les blessures d'hier pas encore cicatrisées, rouvertes aujourd'hui ; nos fronts en sang ; nos bleus. On craint le lendemain. Nous finirons tous par le détester (certains le détestent déjà) et, honteux de notre haine, nous finirons par nous détester nous-mêmes. J'ai dit que, dans certaines institutions médico-sociales, les personnes les plus difficiles sont les plus aimées. Pas chez nous. Serions-nous aussi pathologiques que Hakim ? Notre propre violence nous fait peur.

Nous décidons de faire appel à un hôpital psychiatrique parisien réputé, spécialisé dans l'autisme. Nous demandons une admission d'une semaine pour une évaluation. L'idée que notre établissement n'est pas le lieu du dernier recours pour Hakim nous soulage, sinon, il serait impossible de tenir le coup. Mais il va falloir attendre six mois pour cette admission. Prévue à l'origine comme prise en charge complète, on nous informe qu'il ne s'agira que d'une prise en charge de jour. Il convient qu'un membre de notre équipe y soit aussi, jusqu'à midi chaque jour pour s'occuper de Hakim.

L'hôpital parisien spécialisé dans l'autisme interrompt la prise en charge de Hakim au bout de trois jours. Il est trop difficile. Le chef de service s'engage à organiser une nouvelle admission, mieux préparée, ultérieurement. Deux ans et demi plus tard, nous attendons toujours.

Notre établissement sera bel et bien le lieu du dernier recours pour Hakim.

*

Les capacités nécessaires au travail auprès des « cas lourds » ne sont pas données à tout le monde. À l'ouverture de notre établissement, j'ai annoncé à l'équipe que le travail prévu ressemblait à un travail de commando. On a bien ri.

Quand on s'inscrit dans les commandos, on sait à quoi s'attendre. Quand le chef annonce à son équipe : « Nous allons effectuer une mission de sauvetage dans un pays lointain, sur un terrain miné, à l'intérieur d'une jungle où se trouvent des serpents venimeux », on ne s'attend pas à ce que l'un des commandos dise : « J'aurais bien aimé participer à cette mission, chef, mais les mines, c'est pas mon truc, et les serpents venimeux, j'ai du mal. »

Quand on s'engage à s'occuper d'autistes et de psychotiques particulièrement difficiles – dangereux, frustrants –, on ne peut se dérober à aucun moment devant sa mission, on peut seulement quitter son emploi.

(L'introspection du moment m'amène à formuler un certain nombre de questions personnelles, et à y chercher des réponses. Les réponses sont parfois inattendues. Par exemple, celle-ci : non, en vingt-huit ans de travail, je n'ai jamais rencontré un autiste que je n'aie pas aimé. J'espère que ce livre finira par me fournir une explication quant au pourquoi.)

*

Et Hakim ? Que peut-on lui proposer en ce lieu du dernier recours ?

Dans les années soixante-dix, de nouvelles formes de psychothérapie, développées en Allemagne et aux États-Unis, ont vu le jour : les thérapies « cathartiques » ou « régressives ». Leur but est de réveiller chez le sujet les émotions douloureuses profondes venant des expériences de la petite enfance afin de pouvoir les évacuer une bonne fois pour toutes. Selon la technique choisie, on estime nécessaire de revivre au présent les événements particuliers qui ont été historiquement la source de ces émotions.

Parmi ces techniques figure la *Holding Therapy*. Conçue à l'origine comme une méthode dite régressive – le thérapeute tient le sujet dans ses bras en l'encourageant à se mettre à sa propre place quand il était bébé, afin de pouvoir éprouver à nouveau les traumatismes de l'époque, mais cette fois dans des conditions convenables à la réparation –, la *Holding Therapy* a été adoptée et modifiée par certains psychologues spécialisés dans l'autisme.

Une caractéristique de l'autisme étant le refus du contact physique, il s'agissait pour la mère, formée par un psychologue, de prendre de force son jeune enfant autiste dans les bras et de le maintenir ainsi un certain temps. Cela de manière répétée, par brèves séances de quelques minutes. Au fur et à mesure que les séances se déroulaient, l'enfant acceptait, puis réclamait ce contact.

Une autre version consistait à empêcher l'enfant, physiquement, en lui tenant les mains ou le torse, de faire les gestes stéréotypés autistiques (agitations des mains, balancements...) jusqu'à ce qu'il cesse de les faire de son propre chef. Les deux versions pouvaient se combiner.

Suite à ces expériences, certains spécialistes de l'autisme se sont penchés sur la question de la « contention ». Nous avons souvent affaire à des autistes « explosifs » – ceux qui éclatent, hors d'eux, les bras brassant l'air, frappant tout et tout le monde ; il y en a qui se jettent par terre, qui se lancent contre le mur. Les coups de griffes, de tête, les morsures. Certaines expériences récentes suggèrent que, pour ces autistes particuliers, être contenus physiquement par quelqu'un ou quelque chose peut les aider à se contenir eux-mêmes. On se rappelle Temple Grandin et sa « machine à serrer », sans laquelle, à raison de deux séances de vingt minutes par jour, elle n'est pas bien dans sa peau.

À la fondation John Bost (Dordogne), les adultes autistes ou psychotiques qui « explosent » sont immédiatement cernés par six accompagnateurs qui leur posent les mains dessus, un peu partout sur le corps, en exerçant une pression, jusqu'à ce qu'ils retrouvent leur calme, ce qui se produit nettement plus vite qu'en les laissant livrés à eux-mêmes. Ces mêmes patients peuvent aussi bénéficier de séances de *packing* *.

Le *packing* s'effectue lors de rendez-vous fixes, hors des épisodes d'explosion. Il s'agit d'un enveloppement de la personne dans de multiples couches de draps humides (très froids ou très chauds), sous lesquelles elle se sent, du fait de la pression et du picotement de sa peau ainsi refroidie (ou réchauffée), contenue. La personne est également entourée de quatre ou cinq soignants tout au long de la séance, et peut bavarder avec eux.

Les résultats de cette expérience font apparaître une diminution de l'incidence des crises explosives chez les résidents bénéficiant de ces séances. Je me pose néanmoins la question de l'importance de l'échange verbal par rapport à celle de l'enveloppement proprement dit. J'aurais tendance à dire que le fait de parler dans des circonstances si particulières apporte un effet thérapeutique au moins aussi important que l'enveloppement par les draps, peut-être même plus.

* En anglais, *to pack* : « emballer », « envelopper ».

Dans notre centre, nous avons voulu développer encore d'autres techniques de thérapie « contenante ». Un adolescent qui se montrait très perturbé pendant une croissance particulièrement fulgurante nous a poussés à inventer autre chose. En courant, ce garçon se cognait de plein fouet contre les portes et les murs de l'institution, les bras désarticulés comme s'ils ne lui appartenaient plus. À raison d'une fois par semaine, nous avons entamé alors des séances de « momification » avec le jeune Osman. Habillé mais déchaussé, assis sur une chaise, les jambes posées sur une deuxième chaise, Osman commençait chaque séance par un massage de compression : l'infirmière du centre et moi compressions en parallèle, chacun d'un côté, les membres d'Osman. Commençant par les pieds, nous serrions fort les orteils entre nos mains pendant une dizaine de secondes, puis nous relâchions de façon très graduelle. Nous comprimions ainsi les orteils, puis la plante du pied, puis le talon, la cheville, le bas du mollet, le mollet, dix centimètres par dix centimètres, remontant les deux jambes jusqu'en haut des cuisses. Ensuite, nous comprimions les bras. Le torse – dos, épaules, poitrine, taille – était traité à quatre mains, deux devant et deux derrière, puis en poussant des deux côtés – des épaules jusqu'à la taille – vers le milieu. La phase de compression ainsi terminée, nous enroulions Osman dans des bandes de drap (largeurs variant entre dix et vingt centimètres) : pieds, jambes, mains, bras, torse, bassin, tête ; puis, en collant les deux jambes ensemble et les bras contre les côtés, nous emballions le tout. Le calme qui habitait Osman ainsi momifié était évident. Nous le laissions pendant dix minutes, puis nous procédions au « désemballage » en effectuant la démarche à l'envers. Nous parlions peu pendant les séances – Osman ne possède que quelques mots dont la plupart en écholalie. Je préférais que la sensation de contention reste une sensation pure, sans distraction cognitive d'aucune sorte.

Les perturbations d'Osman ont diminué significativement au cours de l'année. Il est parti en vacances d'été calme et contenu. Nous en étions très contents, alors même que nous ne saurions jamais le rôle réel qu'ont joué nos séances de momification.

L'année suivante, nous avons essayé autre chose avec une jeune femme autiste, également sans langage. Pourtant non « explosive », Géraldine semble être habitée par une panoplie de gestes stéréotypés tellement envahissants qu'on se demande si ce sont les gestes qui mènent Géraldine plutôt que l'inverse. Les mouvements des bras et des mains de cette jeune femme se caractérisent par leur permanence et par leur grâce – une danseuse tibétaine.

Dans son livre *Le Trou noir de la psyché*, Frances Tustin distingue deux grandes catégories d'autistes : les autistes « chiffon » (mous) et les autistes « carapace » (durs). En effet, on peut facilement remarquer dans les gestes un tonus particulier – rapidité, rigidité et force chez les uns ; mollesse et manque de tonus chez les autres. Géraldine combine les deux : elle est d'un tonus sautillant et fluide à la fois. Les mouvements en question, si omniprésents, et malgré leur grâce, préoccupent Géraldine au point de l'empêcher, pour ainsi dire, de se concentrer sur le monde qui l'entoure. On dirait un chef d'orchestre qui a tant dirigé avec sa baguette qu'il n'arrive plus à faire autre chose de ses bras.

Nous avons expérimenté pendant six mois diverses méthodes de contension avec Géraldine – le massage-compression, la momification, le *holding* (voir plus haut, cas de Hakim). Nous avons fini par employer un système de « sandwich » : deux grands coussins appuyant sur le torse par-devant et par-derrière, maintenus en pression et en place par un emballage de bandes de drap, qui liaient également les bras et les mains contre les flancs, les immobilisant ainsi. L'effet apaisant sur Géraldine était net, elle basculait doucement en arrière contre ma poitrine, y restant immobile et détendue pendant une quinzaine de minutes chaque fois.

Notre travail n'a pas produit de changement permanent dans la dispersion gestuelle de Géraldine hors séance. Nous aurions souhaité augmenter le nombre de séances jusqu'à deux par jour pendant toute la semaine, mais l'organisation de l'établissement ne l'a pas permis.

Par ailleurs, notre atelier danse, en collaboration avec une « notatrice chorégraphique », a essayé pendant deux ans de comprendre si les gestes de Géraldine s'organisaient comme un véritable langage. La notation chorégraphique – un système de transcription sur papier de ce qu'on voit chez le danseur – facilite la catégorisation des mouvements et la compréhension de leur répartition, leur ordre dans le temps. Cette analyse nous a permis de constater, noir sur blanc, que les gestes de Géraldine ont, en effet, un sens. Ils nous communiquent ses états affectifs précis autrement inobservables – satisfaction, inquiétude, crainte, désagrément –, geste par geste, ainsi que ses désirs – « viens par là », « va-t'en », « cela ne me plaît pas », « je veux sortir », etc.

Avec le recul, je me demande aujourd'hui si nous avons « réussi » notre projet de contension. N'aurions-nous pas, par la même occasion, « fait taire » l'exubérante Géraldine, sans nous en rendre compte ?

*

Hakim risque de détruire l'équipe du centre. Il y en a, d'ailleurs, qui pensent que cela fait partie de sa pathologie – qu'en quelque sorte il le fait exprès. Nous débattons de cette question de pathologie. Est-ce la pathologie qui agit contre nous, ou la personne ? Est-ce qu'une personne malade est responsable de sa pathologie ? Est-ce qu'on peut séparer les deux ? Sinon, est-il possible que Hakim soit, en fait, réellement diabolique ? Dans ce cas, que ferions-nous ?

Je cherche le contact avec l'autre et, à l'instant où je le trouve, je dois le fuir ; ce contact m'est à la fois nécessaire et intolérable ; j'affectionne l'objet et je le déteste, je veux me joindre à lui et en faire partie, et je veux le détruire, au moins l'humilier.

Comment contourner une ambivalence comme celle de Hakim ?

Hypothèses de travail provisoires

(1) Son état pathologique fait en sorte que Hakim ne puisse être corrigé – l'ambivalence, de par sa nature même, empêche toute correction. Toute menace ou punition ne ferait que la renforcer.

(2) Il faudrait donc créer en lui, parallèlement à la position pathologique, une position autre, une

position saine, en espérant que, de par sa nature à elle – la chaleur humaine prise à la base –, elle finira par éclipser l'autre. Mais comment faire ? Comment créer la capacité d'aimer et d'être aimé en face d'une telle ambivalence ?

(3) Il faut être plus fort qu'elle, au sens figuré et au sens tout à fait littéral. Il va falloir tout reprendre à zéro.

Le travail se passera dans une pièce, toujours la même ; la notion de permanence est essentielle. Pour pouvoir faire office de « microcosme », cette pièce doit être petite, sans fenêtre, neutre. Vu l'envergure de la mission, il me semble nécessaire d'avoir un regard extérieur – et comme contrôle, et comme source de collaboration. Une psychologue psychanalyste est libre à l'heure prévue. L'hypothèse de travail est, en effet, une hypothèse psychanalytique.

Notre établissement se veut rigoureusement pluridisciplinaire – toutes les écoles de pensée, même celles qui semblent contradictoires, sont les bienvenues. Il est fort possible que ce que rapporte la mère de Hakim ne soit pas juste ; il est possible que Hakim n'ait jamais été normal, que la scène décisive où Hakim se serait trouvé remplacé au sein de sa mère n'ait jamais eu lieu et que l'état pathologique de Hakim n'ait rien à voir avec l'histoire racontée. Il y a une expression en anglais : « n'importe quel port en cas de tempête » (*Any port in a storm*). Face à la tempête qu'est l'autisme en général et Hakim en particulier, j'estime que toute base théorique est bonne à exploiter. La psychologue psychanalyste observera nos séances hebdomadaires à l'aide d'une caméra vidéo installée dans la petite pièce.

Dans cette pièce, la violence de Hakim (tout comme celle d'Adam S. il y a vingt-huit ans), n'étant pas reconnue comme telle, « n'existera pas ». Mais au lieu de l'imiter, comme je l'ai fait avec Adam S., j'ai prévu autre chose pour Hakim. Dans ce cadre d'acceptation et de tolérance inconditionnelles, Hakim va pouvoir se restructurer psychiquement à travers le même contact physique positif et sans condition que vit le nouveau-né dans les bras de sa mère. Une sorte de *holding*, en somme.

Dans la pièce en question, vide de meubles et d'objets, en dehors d'un matelas et de quelques coussins, je vais laisser Hakim explorer, en restant physiquement neutre et détendu, sans lui parler ni le regarder, mais sans le laisser non plus quitter la pièce. Le temps passe, il devient impatient.

Furieux, il me tapera le front, me tirera les cheveux, me griffera les yeux, me mordra les mains. Je détournerai ces gestes machinalement, sans le regarder. Mais quand je sentirai que ses pulsions dépassent sa volonté consciente, et tout en maintenant un affect plat, sans le moindre geste brusque, je l'immobiliserai.

Pour ce faire, je lui croiserai les bras autour du corps, exerçant une contention physique avec mes propres bras, exerçant une force égale à la sienne, mouvement pour mouvement. Je chantonnerai un air oriental d'une voix grave et vibrante, en respirant profondément.

Je le maintiendrai ainsi en chantant et en réduisant graduellement la pression jusqu'à ce qu'il se détende, pour lentement desserrer et arriver, enfin, à le tenir comme s'il était un bébé dans les bras de sa mère.

Hakim est arrivé à la séance avec, dans les mains, une cuillère en bois enrobée de caramel, vestige transitoire de son activité précédente – un atelier sensoriel. Il la ronge, sa langue fait « clic clic », il regarde dans le vide. Maintenant, il la place dans ma main, la cuvette contre ma paume, et le manche entre mes doigts, puis il ferme ma main en boule. Le manche dépasse la boule de ma main. Est-ce que Hakim s'est fabriqué un sein ? Il le tète. Il le mord. Il lui tape dessus. Il le détruit. Puis il recommence.

La séance se poursuit. Au fur et à mesure que le temps passe, Hakim laissera le sein de plus en plus tranquille.

Je chantonne un air oriental.

*

Pendant un an, chaque vendredi, je passerai quarante minutes avec Hakim dans la petite pièce, observé par la psychanalyste. Parfois, Hakim résistera, ne voudra pas aller à la séance. Parfois, il la réclamera. Parfois, il se dépêchera pour y aller, puis refusera d'entrer dans la pièce. Parfois, lors d'une journée qui n'est pas un vendredi, il viendra me chercher pour qu'on fasse une séance dans la petite pièce où il me fera asseoir par terre pour pouvoir se mettre devant moi, prendre mes bras et les mettre autour de lui.

Dans la pièce se trouvent de petits casiers métalliques, certains renfermant des choses – dossiers, brochures, balles en plastique. Hakim fouille. Il prend un tas de papier (pages d'un envoi de statuts syndicaux), les renifle, les chiffonne. Je lui prends les mains et les referme autour des papiers, faisant en sorte qu'il les serre très fort. Après, je mets très soigneusement les petits papiers chiffonnés dans un sac, puis j'étreins le paquet. Je propose à Hakim de faire la même chose. Je l'aide. C'est ainsi que Hakim étreindra le sac, le sac avec les morceaux chiffonnés dedans, comme un bébé dans ses bras.

Pendant les séances, ainsi que dans la vie quotidienne à l'institution, sa violence s'estompe significativement.

*

L'inconvénient de la psychanalyse est que ses hypothèses ne peuvent être ni prouvées ni infirmées. De ce fait, elles peuvent nous sembler aussi agaçantes que révélatrices, aussi inutiles que pragmatiques. Quand un jeune autiste qui ne parle pas arrive déjà en colère au centre et que son psychanalyste nous explique que, si Marcel est en colère, c'est sans doute parce que lui, le psychanalyste, était en retard pour sa dernière consultation, et que nous lui faisons remarquer que, depuis deux ans, Marcel arrive en colère une fois sur trois, il nous répond que, bien que Marcel arrive en colère une fois sur trois, ce n'est pas pour autant que Marcel n'est pas en colère aujourd'hui parce qu'il était en retard, il a raison. Si embêtant que cela soit, son hypothèse, par la nature de sa base théorique, ne peut être infirmée.

En général, il est plus intéressant d'avoir tort que d'avoir raison : cela pousse à chercher plus loin ; et les mauvaises hypothèses peuvent suggérer de bonnes idées.

Hakim se met à se gratter – sous les bras, entre les jambes. Une psychologue de l'institution avance l'hypothèse que, comme les tout-petits, Hakim s'interroge sur le décollage des parties de son corps : les bras qui s'écartent des côtes, les jambes qui se décollent l'une de l'autre. Je ne dis rien. J'ai plutôt tendance à croire que Hakim souffre d'une allergie, ou qu'il a des morpions.

Néanmoins, il est toujours bénéfique de creuser les idées et les hypothèses auxquelles on croit le moins. Cela me donne l'idée d'introduire dans mes séances avec Hakim un petit bonhomme en bois, un mannequin articulé de dessinateur, dont on peut manipuler les membres à volonté. La rencontre avec Hakim s'avère importante. Jusque-là, il avait traité tout objet – bloc, crayon, poupée, nounours – de la même façon, comme un objet inanimé, bon seulement à aligner derrière les autres, ou à empiler, ou à se mettre dans la bouche – une chose sans représentation ni personnification. Mais le petit mannequin de dessinateur produit un effet différent. D'emblée, Hakim l'a pris dans ses mains à l'endroit (chose rare) et s'est aussitôt mis à lui faire accomplir des tas d'exploits : le bonhomme lui tenait sa boule de chewing-gum, me l'a donnée, me l'a reprise, l'a rendue à Hakim. Hakim a accepté des câlins du mannequin (manipulé par moi, en l'occurrence), il lui a même fait la bise. Pour la première fois de sa vie, ce jeune homme, âgé de douze ans, a manifesté de réelles capacités de symbolisation.

Le contenu des séances avec Hakim évolue avec l'évolution de Hakim lui-même. Au bout d'un an, nous avons décidé qu'elles n'étaient plus nécessaires, sauf de façon très ponctuelle. Aujourd'hui, nous voyons un Hakim nettement plus posé, rarement explosif, plein d'affect et d'affection adaptés, réagissant aux compliments et aux réprimandes de façon ajustée.

Mais Hakim n'est pas guéri – les épisodes de violence se produisent encore, aussi bien dans la rue que dans l'établissement. Il y a des jours sans et des jours avec. Cela tient très étroitement à la personne qui se trouve à côté de lui. Il y a des personnes sans et des personnes avec. Patience, Force, Volonté, Amour.

5

LE PERSONNAGE THÉRAPEUTIQUE

Ginette sourit tout le temps. Tout le temps. Dès qu'on sonne, elle se précipite vers la porte, contente, ravie, pour accueillir le visiteur. Elle l'accueille chaleureusement. On est surpris de voir un tel charme chez une handicapée mentale. Elle fait le baisemain. Elle sourit. Elle prend joyeusement le visiteur par le bras pour l'escorter vers l'intérieur de l'établissement où, une fois arrivée, elle le débarrassera gracieusement de son manteau... qu'il le veuille ou non. Il se trouve que le visiteur ne le veut pas, mais Ginette insiste, en souriant. Son sourire, toujours le même, n'a pas changé d'un iota, et elle va débarrasser le visiteur de ce manteau. Elle tire dessus, le visiteur perd pied, il tombe presque, il commence à paniquer, tirant éperdument sur son pauvre manteau dans l'autre sens, jusqu'à ce que Ginette lâche prise brusquement, délibérément, et qu'il bascule, à la renverse, sur la directrice de l'établissement qui se trouve, par hasard, derrière lui. Ça tombe bien (c'est le cas de le dire), puisque c'est justement avec elle qu'il avait rendez-vous. Les deux montent l'escalier ensemble. Ginette, hilare, les suit. La directrice le lui interdit. Ginette les suit. La directrice se fâche. On sonne de nouveau. Brusquement, Ginette fait demi-tour, elle se précipite vers la porte, contente, ravie. Ça recommence. Ça recommence...

Ginette n'est pas seulement handicapée mentale, elle est psychotique. Au début, elle nous a séduits – ce sourire quasiment immuable nous changeait (« Au moins, elle n'a pas l'air de trop souffrir... »). Mais sa façon d'être nous a vite agacés (« Qu'est-ce qu'elle a à sourire comme ça tout le temps ? Personne ne sourit comme ça tout le temps ! »).

En effet, Ginette est psychotique de naissance, ou tout comme. Ce type de psychose se distingue de l'autisme. Rien d'une autiste chez Ginette. À l'opposé des personnes autistes, elle ne fait que chercher le contact avec autrui, elle le recherche trop, c'est un symptôme en soi. Cette jeune femme de dix-neuf ans a tout d'une hôtesse de charme, sauf le charme. Et la beauté. Ginette n'a pas été gâtée par la nature. Elle présente un surpoids important, un visage ingrat, son nez coule en permanence. Cet état de choses ne l'empêche pas de se précipiter vers la porte d'entrée de l'établissement chaque fois qu'on sonne, de prendre le nouveau visiteur dans ses bras, de lui parler d'une voix chaleureuse (et totalement incompréhensible), en utilisant ses mots à elle, toujours les mêmes, toujours les mêmes. Sa voix qui couine, sa forme boulotte qui circule, s'impose partout (« Tiens, encore toi ? ») et, surtout, le gros bisou – le gros, gros bisou, suivi d'un grand pinçon, vraiment douloureux, et mademoiselle s'éloigne, royale.

Mais, de temps à autre, quand elle ne sait pas que nous sommes là, nous apercevons une autre Ginette. Un jour, nous sommes tous les deux dans un restaurant d'autoroute, revenant d'un séjour thérapeutique dans l'Yonne. Le visage détendu, elle observe, concentrée, les gens à table par-dessus mon épaule. Elle participe à distance à leurs discussions : ils éclatent de rire, et Ginette sourit ; ils se disputent, et Ginette a de la peine ; ils se caressent la main, et Ginette s'envole vers les étoiles avec eux. De l'empathie à revendre, une jeune femme sensible, savourant le moment... puis hop ! Le sourire, comme un bouclier de gladiateur. Un rideau tombe, un autre se lève, elle couine, elle pose, elle bise, elle pince.

Au centre, nous n'en pouvons plus. Nous l'évitons, par peur de nos propres réactions.

Avec une collègue, nous recevons régulièrement Ginette et ses parents en consultation. Nous apprenons que Ginette se comporte de la même façon à la maison que chez nous. Les séances sont pénibles. Nous voulons comprendre leur désarroi. Nous essayons de creuser un peu leurs sentiments afin de pouvoir décortiquer les mécanismes interpersonnels qui jouent entre eux et leur fille.

*

L'analyse transactionnelle est une forme de psychothérapie moderne qui a connu un grand succès pendant les années soixante-dix. Utilisant comme point de départ une version simplifiée de la deuxième topologie de Freud – le Ça, le Moi, le Surmoi –, l'analyse transactionnelle s'est montrée efficace dans le soin des névroses. Il s'agit d'une série de cas de figure interpersonnels types, conçus pour mieux comprendre ce qui se joue dans les problématiques relationnelles de tous les jours : les rapports entre les membres de la famille, avec les collègues au boulot, avec les amis. Pour traiter les problématiques ainsi dépistées – ces transactions interpersonnelles –, beaucoup de thérapeutes faisaient, à l'époque, appel aux exercices de thérapie gestaltiste – jeux de rôles, jeu des deux chaises, techniques régressives –, souvent dans le cadre d'une thérapie de groupe.

Les relations en question sont analysées en termes de trois états du Moi : *enfant, parent, adulte*. Dans chaque transaction interpersonnelle, chaque participant se situe, inconsciemment, dans une de ces trois positions, cela en fonction de ses tendances névrotiques personnelles et des positions « choisies » par les autres. Certaines personnes, par exemple, ont tendance à se placer en position d'*enfant* dès qu'elles se trouvent en face de quelqu'un qui a tendance à se placer en position de *parent*, et inversement. On peut aussi avoir tendance à placer l'autre dans la position de *parent*, par exemple, pour pouvoir plus facilement se mettre dans la position d'*enfant*. Les états du Moi ont aussi des sous-catégories : *enfant critique, enfant bienveillant ; parent critique, parent bienveillant*, etc. (Le cas de figure le plus sain entre grandes personnes est, évidemment, *adulte-adulte*.)

*

Les relations entre Ginette et les membres de notre équipe sont devenues aussi problématiques que celles qui existent entre Ginette et ses parents. Notre rôle professionnel de *parent bienveillant* se trouve constamment transformé en rôle de *parent critique* par Ginette elle-même, qui ne cesse d'alterner entre les deux rôles d'*enfant bienveillant* et *enfant critique*. Sourire à l'appui, elle s'occupe de nous avec une bienveillance exagérée – elle porte nos sacs, s'occupe de notre vestiaire, nous rappelle ce que nous avons au programme d'activités pour la journée, etc. – puis, soudain, elle nous pince, nous punit.

Des mécanismes névrotiques peuvent se retrouver chez les sujets psychotiques et *vice versa*. Cela se voit par définition dans les psychoses dites *borderline* (à la frontière entre la névrose et la psychose). Le mécanisme « je n'accepterais jamais d'appartenir à un club qui voudrait d'un membre tel que moi », qui opère chez Ginette, relève des névroses. Comme chez les personnes dites *borderline*, la pathologie réelle de Ginette fait en sorte qu'elle en joue de surcroît. Et, bien qu'habituellement les complexes névrotiques de ce type puissent être efficacement soignés par des techniques comme celle de l'analyse transactionnelle (à condition qu'il n'y ait pas de troubles psychiques graves associés), le retard intellectuel important de Ginette – grands déficits de langage et de compréhension, sans parler de ses véritables traits psychotiques tels que les troubles somatiques hystériques (ainsi, par moments, Ginette boite de façon impressionnante, bien qu'elle n'ait rien ; elle est capable de se mettre subitement à faire comme si elle se cognait la tête contre le mur, bien qu'elle ne se cogne pas vraiment, tout en se cognant) – compromet sérieusement tout projet thérapeutique de ce type pour elle.

Handicapée mentale psychotique, Ginette nous joue en permanence la handicapée mentale psychotique. Le but de cette manœuvre, proprement névrotique, est de pouvoir soutenir le message que lui adresse, inconsciemment, son entourage depuis toujours ou presque, et la traduction qu'elle s'en est faite : « Je ne suis pas aimable. »

(La culpabilité inévitable des parents d'enfants inadaptés fonctionne insidieusement ; elle rend névrotique toute la famille, personne n'y échappe. Le but de nos entretiens familiaux est précisément d'aider tout le monde à y voir plus clair, à faire la part des choses, à mieux s'entendre avec les autres. Si nous ne réussissons guère, c'est qu'il nous manque le talent thérapeutique nécessaire à la tâche.)

Les rôles paradoxaux et fluctuants que joue Ginette nous interpellent avec grand succès. Ils révèlent en nous nos propres névroses. Rendus ainsi névrotiques à son égard, nous sommes pris au dépourvu et ne pouvons lutter efficacement contre ses névroses à elle. Après tout, nous sommes là pour soigner les psychoses graves des psychotiques, l'autisme grave des autistes. Alors, les petites névroses des psychotiques...

C'est agaçant.

Comment soigner quelqu'un dont les symptômes ôtent au soignant toute envie de soigner ?

Opérant sur l'hypothèse que Ginette aurait été conditionnée pour ne pas pouvoir se construire convenablement, notre objectif premier serait de défaire les effets de ce message qu'elle reçoit depuis si longtemps. Il va falloir faire passer un autre message, un message contradictoire, un message clair et fort, transmis avec une telle persistance que Ginette ne pourra pas ne pas le recevoir. Ce nouveau message doit être communiqué avec une telle simplicité, sans ambiguïté possible, que ses mécanismes névrotiques n'auront pas la possibilité de le contourner. Ginette sera obligée de l'intégrer psychiquement. Il n'y a pas de temps à perdre. Il va falloir que nous soyons cohérents sur tous les plans. Je conçois une initiative on ne peut plus directe.

Dorénavant, chaque fois que nous croiserons le chemin de Ginette, nous prendrons le temps de l'interpeller, de la regarder droit dans les yeux et d'y voir une autre Ginette, une Ginette adulte, capable, honnête, claire, responsable, authentique, une Ginette possible, imaginée collectivement par chacun d'entre nous. Nous nous adresserons donc à cette Ginette-là en lui disant des choses qui correspondent à elle, sur un ton cohérent, avec notre regard.

Ce sera à travers l'ensemble de nos regards et par l'addition de nos attitudes, similaires mais différentes, que Ginette se reconstruira, de la même façon que tout un chacun se construit : à travers le regard de ceux qui l'entourent.

Mais, au fur et à mesure que le temps passe, je vois l'équipe de plus en plus impatiente devant la pénible Ginette. Imaginer une autre Ginette, porter un regard particulier sur quelqu'un qui n'existe pas, est impossible. On s'en déclare regrettablement incapable. On s'en déclare incapable sans regret. Certains critiquent le protocole, argumentant qu'il est non seulement impossible à réaliser, mais encore qu'il risque d'être néfaste au bien-être de Ginette : répondre à son hypocrisie par la nôtre ne peut qu'aggraver la situation. On ne l'aime pas, ça se voit, et c'est notre droit.

*

Le travail thérapeutique et éducatif auprès des personnes gravement autistes et psychotiques exige des efforts importants et difficiles. Importants parce qu'il faut tout réinventer chaque jour, parce que nos efforts doivent être aussi importants que leurs résultats sont ingrats, parce que rien n'est jamais acquis et que les progrès, s'il y en a, sont tellement longs à venir qu'on a tendance à ne pas les voir quand ils se produisent. Difficiles, parce que, quelle que soit la nature de nos actions, leur efficacité sera toujours directement proportionnelle à nos qualités humaines – nos qualités professionnelles, certes, mais aussi nos qualités personnelles. Les enjeux sont draconiens : ces qualités humaines, si nous ne les possédons pas, nous ne les leur transmettrons jamais.

Quel est le but de notre travail ? Que souhaite-t-on pour Ginette ? Si énervants que soient les comportements de cette jeune femme, ce n'est qu'en sachant ce que nous souhaitons réellement pour elle, et en détail, que nous pourrons formuler ce qu'il faut faire pour atteindre nos buts thérapeutiques et éducatifs. Critiquer l'affect « hypocrite » de Ginette, ou bien chercher à le corriger, serait entrer dans son jeu en renforçant le message : « Tu n'es pas aimable. » Cela produirait l'effet inverse. En parler avec elle pourrait éventuellement produire un effet, mais nous ne pourrions jamais être sûrs de son niveau réel de compréhension, et si le ton utilisé est négatif (ce qui risque d'être le cas), là encore, on obtiendrait l'effet inverse. La manière d'assurer que le ton sera positif, expérience faite, serait de nous adresser à la Ginette qu'on imagine, aussi bien avec nos émotions qu'avec nos mots, sincèrement.

Mais le personnel « ne peut plus la sentir ». Que faire ?

Pascal – et Brassens – nous le dit : « Faites semblant de croire et bientôt vous croirez. » Et les grands comédiens : « Nous ne sommes pas obligés d'y croire. L'important, c'est que le public y croie. »

Ginette n'est pas autiste. Sa prise en charge thérapeutique et éducative ne relève pas du même combat, sauf sur un point précis, celui de notre disponibilité d'esprit.

Pour mener à bien notre mandat auprès des personnes autistes et psychotiques, il est indispensable d'établir un rapport affectif avec elles. C'est sur ce rapport affectif que se bâtira l'alliance thérapeutique dont on parle souvent dans notre métier – un outil de travail humain, conçu exprès pour la tâche. Si la tâche en question nous semble déjà difficile, la réalisation de cet outil nécessaire à son accomplissement ne l'est pas moins, cela précisément parce qu'il réside dans les capacités affectives des deux participants, soignant et soigné. Il est difficile d'établir une alliance thérapeutique avec Ginette parce que ses capacités affectives à elle sont rendues perverses par la nature de sa pathologie secondaire névrotique. L'alliance thérapeutique est tout aussi difficile à établir avec les personnes autistes parce que leurs capacités affectives sont, par définition, réduites. Que faire ?

D'abord, il faut apprendre à mériter leur attention. À nous de trouver une façon d'être qui nous rende intéressants à leurs yeux, une façon d'être qui doit se modifier, se réinventer, chaque fois, en fonction de la personne qui se trouve en face de nous. Le client est roi.

Pour se rendre intéressant auprès d'un autiste, il faut comprendre ce qui l'intéresse. Ce qui intéresse un autiste d'emblée, c'est qu'on le laisse seul dans son coin à se balancer. Puisque l'alliance thérapeutique dépend d'un respect réciproque entre les personnes concernées, il est nécessaire, à mon sens, de respecter les

« autismes » des autistes dans un premier temps, de ne pas les proscrire d'office. On peut même y participer, à travers le mimétisme par exemple.

Accepter les autismes des autistes – les apprécier même – au point de vouloir les imiter demande des capacités humaines particulières qui ne sont pas données à tout le monde. Face aux autistes – ceux qui sont très renfermés sur eux-mêmes, ceux qui sont violents, ceux dont le regard nous fait peur –, nous sommes d'emblée réticents. Nous avons peur de les heurter, de les envahir, de ne pas respecter leur choix de solitude. On se pose des questions sur la bonne distance à respecter, sur le temps qu'il va falloir, sur les signes. Dans un premier temps, il s'agit d'être là et d'attendre, de ne rien faire pendant des heures, tout en s'efforçant constamment – par sa posture physique (passivement ouverte vers lui), sa détente (entretenue constamment, par des petits exercices de relaxation, ou de taï-chi-chuan), sa position géographique dans la pièce (à un angle de quarante-cinq degrés, pour lui permettre de nous voir ou de ne pas nous voir facilement, et à une distance de deux mètres pour commencer) et par son regard (neutre, mais, néanmoins, intéressé) – d'être disponible pour lui. Tout comme le renard du Petit Prince, l'autiste vous fera savoir « quand », et « jusqu'où ».

La vie quotidienne fournit mainte occasion de se rendre intéressant aux yeux des personnes autistes. Choisir un cadeau pour elles n'est pas facile, certes, mais rares sont celles qui ne s'intéressent pas à un chewing-gum, un petit gâteau, un verre de Coca-Cola. Il est convenable, à l'insu de certaines règles institutionnelles, de pouvoir refiler, en douce, hors cadre, pour rien, un Petit Lu à quelqu'un, histoire de poser une petite pierre de plus dans la construction de l'alliance thérapeutique.

*

Si, selon Freud, la voie royale vers l'inconscient est le rêve, la voie royale vers un rapport affectif avec l'autiste – surtout ceux qui n'ont pas accès au langage – est le corps. Une fois connaissance faite avec eux, on peut procéder délicatement à d'autres exercices préthérapeutiques. Par exemple, l'« horrible malédiction des mains molles ». Cet exercice impose à l'encadrant de se muer en monstre frankensteinien – les yeux exorbités, la bouche grande ouverte (filet de bave facultatif), les bras tendus en avant, les deux mains pendant des poignets, flasques comme des chiffons –, de s'approcher de la victime lentement, en répétant d'une voix d'outre-tombe : « L'horrible malédiction des mains molles... L'horrible malédiction des mains molles... », et on finit par balayer de ses mains flasques, façon serpillière, le visage de la victime en poussant des cris cauchemardesques.

En bon travailleur psychiatrique à l'ancienne, on peut aussi leur proposer une piqûre. Le protocole exige de commencer par annoncer au patient que cela va sûrement lui faire horriblement mal. On sort la « seringue » (qui ressemble étrangement à un stylo-bille), on cherche la fiole de médicament (qui ressemble étrangement au capuchon du stylo-bille), on la secoue pour vérifier que le médicament est bien mélangé. Ensuite, on introduit la pointe du stylo-seringue dans le capuchon-fiole et, en tenant ce dernier entre le pouce et l'index de la main gauche, on fait glisser la main droite sur le cylindre, vers soi, remplissant ainsi le réservoir. On tape dessus avec l'ongle de l'index pour chasser toute bulle d'air. En criant encore (il en faut toujours au moins un qui crie), on appuie la pointe sur l'épaule de la chemise du patient et on avance le pouce le long du cylindre du stylo-seringue jusqu'au bout. On le retire. On peut maintenant arrêter de crier. On annonce au patient que ça ira mieux sous peu. On lui propose une grenadine (facultatif).

Il y en a qui aiment qu'on leur fasse un « tatouage » (leur dessiner dessus... à l'encre lavable, SVP). On peut en chatouiller certains. Aux autres on peut faire des grimaces ou des bruits de bouche.

Pour aider Martin à être plus « généreux » avec sa maman – moins persécutant avec ses manies, moins pénible –, je lui visse dans le crâne au-dessus de l'oreille gauche l'idée d'être généreux. (L'idée de ne plus avoir peur de devenir un adulte, par contre, se visse tout en haut, au milieu.)

Tous les matins, Guy insiste pour que je lui tape dans les mains en chantant l'hymne national américain. Ensuite, il insiste pour que je fasse klaxonner son nez. Après quoi, je dois lui transformer les oreilles en boutons de radio et m'en servir pour chercher la bonne fréquence. Ce n'est pas fini : plaçant mes mains de part et d'autre de sa tête, je dois accompagner de pressions alternées sur les oreilles ses propres mouvements de balancement latéral. Cela fait, je suis obligé de lui dévisser le crâne et, pour finir en beauté, il me reste à lui casser un œuf (imaginaire) dans les cheveux. (Note : l'ordre des gestes ne doit jamais varier.)

Une certaine Dalida se dirige vers moi à reculons, jusqu'à me heurter de son dos. Je sens que je vais encore avoir droit au Tchaïkovski. En effet, plusieurs fois par jour, Dalida insiste pour que je la prenne par les coudes et lui fasse diriger le deuxième mouvement (*andante*) du Concerto pour violon de Tchaïkovski, chantonnement à l'appui. Elle a bon goût. Nous attaquons la première mesure. Elle s'extasie.

Damien, d'ordinaire passif, me traîne vers son fauteuil préféré pour que je lui fasse encore un massage. Il s'agit d'une technique allemande (le *Rolfing*) que je pratique deux fois par semaine avec Damien en collaboration avec une masseuse professionnelle spécialisée. Il s'agit de détacher systématiquement les muscles des os qui les soutiennent, afin que toute la musculature retrouve son positionnement naturel. Pour ce faire, il faut creuser très fort. (Surtout que Damien est très baraqué et bien en chair.) L'action de nos doigts ferait hurler de douleur une personne normale. Damien en est parfaitement hilare.

Véronique traverse la salle en courant pour me serrer la main. C'est la cinquième fois aujourd'hui. Véronique est d'une timidité pathologique, et il est clair que cette poignée de main représente quelque chose d'important pour elle. D'habitude, elle se contente de nous faire bonjour-bonjour à distance. Il y en a dans l'équipe qui refusent de lui serrer la main plus d'une fois dans la journée ; ils souhaitent que Véronique se limite à une seule salutation par jour. Personnellement, je serrerais la main de Véronique toute la journée si elle le souhaitait, et je ne raterais pas la moindre occasion de lui faire bonjour-bonjour de l'autre extrémité de la salle.

Quand Abdelkader entame une crise de nerfs (tables renversées, de l'eau partout, ses poignets mordus jusqu'au sang), on peut parfois le calmer en lui proposant un verre d'eau. Il est important que l'eau soit ou très froide ou très chaude, afin de lui réveiller brutalement l'œsophage, sensation corporelle forte qui fait en sorte qu'Abdelkader oublie son état de panique.

Le travail corporel auprès des adultes autistes exige parfois l'entretien de sa forme physique. Bien que rarement, j'estime parfois nécessaire de porter dans mes bras ou sur mon dos une personne en crise qui s'automutile ou se trouve par ailleurs dans un état de désarroi particulièrement profond. Cet acte, aussi surprenant pour l'autiste que pour les spectateurs, me permet de lui transmettre deux messages importants sans malentendu possible : 1) je suis plus fort que lui, et 2) quelles que soient les circonstances, il peut avoir confiance en moi.

*

Les exemples qui précèdent sont quelques moyens de capter l'attention des personnes très difficiles à atteindre, de les attirer. Cette attirance, forcément réciproque (sinon, on ne s'en donnerait pas la peine), établit de fait un rapport affectif avec elles. De ce rapport affectif naîtra la confiance. Cette confiance, à entretenir en permanence, deviendra à son tour la base même de l'alliance thérapeutique. Je n'irai pas jusqu'à dire que, grâce à ces rapports privilégiés, tout deviendra possible. Mais j'ai l'intime conviction que, sans ces rapports d'attirance mutuelle et de confiance, rien ne le sera.

Trouver en nous une façon d'être qui ne nous est pas forcément naturelle, et pouvoir l'exprimer de façon crédible en face d'un certain public relève, en quelque sorte, du travail de comédien. Ce travail nécessite la présence de certains dons qui ne se trouvent pas forcément chez tous les éducateurs spécialisés et chez tous les psychologues cliniciens : l'imagination, l'intuition, l'invention, le sens du jeu. Pourtant, ces capacités sont quasiment indispensables à l'accompagnement particulier et à la création des soins novateurs nécessaires au bien-être de personnes aussi originales et extravagantes que celles que nous fréquentons. Elles font partie de notre personnage thérapeutique.

Jouer son personnage thérapeutique ne signifie pas se rendre méconnaissable ni se cacher derrière un masque. Il s'agit simplement de faire appel à des traits de personnalité, qui se manifestent rarement peut-être, pour les mettre au service des besoins de l'autre, de la même façon qu'un parent normal doit, à l'occasion, trouver en lui la capacité de jouer le « méchant », afin de corriger son enfant.

L'action en question n'est ni plus ni moins « hypocrite » que celle de l'acteur qui joue Roméo sur la scène et qui doit donc se convaincre, le temps de la pièce, qu'il est amoureux de l'actrice qui joue Juliette. Si l'acteur fait bien son métier, il ne s'agit pas de « faire semblant ». Il s'agit d'aimer réellement la Juliette qu'il imagine, qu'il invente pour l'occasion et qu'il projette * sur l'actrice qu'il a en face de lui, une Juliette forcément aimable, parce que

* J'utilise ici « projette » au sens du langage courant. En psychanalyse, la projection est un processus inconscient.

créée sur mesure pour l'être, dans l'imaginaire de celui qui doit l'aimer.

Comme chez l'acteur, notre imaginaire fait partie de nos capacités professionnelles. Imaginer des capacités possibles chez les jeunes dont nous nous occupons est une forme simple d'identification – fonction psychique qui agit de pair avec celle de la projection. L'identification, selon Anna Freud, s'applique à l'objet perdu : puisqu'il n'est plus là, on investit la représentation psychique de ce qu'on retient de lui. De ce fait, le processus reste toujours intra-psychique. (Même si, par la suite, on projette cette représentation sur quelqu'un qui est vraiment là – son patron, son mari...) L'identification avec l'objet présent est, pour moi, la définition psychodynamique de l'empathie.

Mais on ne peut pas imaginer ce qu'on n'a jamais connu. Il faut toujours quelques éléments de base, fournis par nos observations, en plus d'une part de soi. De ce fait, le processus imaginatif est concomitant à la situation empathique nécessaire à tout projet thérapeutique.

Mais l'empathie (« Empathie » : *Faculté de s'identifier à quelqu'un, de ressentir ce qu'il ressent*

– *Petit Robert*) devient difficile quand l'autre est quelqu'un de très différent de soi. Les autistes profonds ne nous ressemblent pas ; ils ne se comportent pas de la même façon ; ils n'ont pas les mêmes sentiments. Supposer qu'ils ont « des sentiments comme tout le monde » n'est pas forcément leur rendre service. « Comme tout le monde », ils ont certainement des sentiments, mais on ne peut jamais être sûr que leurs sentiments proviennent des mêmes sources ni qu'ils ont les mêmes contenus, les mêmes articulations viscérales ou les mêmes manifestations extérieures que les nôtres. Ressentir véritablement ce qu'ils ressentent relève de l'exploit.

Dans la vie de tous les jours, l'empathie se produit d'elle-même : en écoutant le voisin raconter son chagrin après la mort de son chien, nous nous identifions automatiquement, à travers nos propres expériences similaires. Mais puisque nous ne sommes pas autistes et ne l'avons jamais été, l'empathie à l'égard des autistes est plutôt un don, que nous devons développer en nous-mêmes. À cette fin, nous sommes obligés de faire appel à nos capacités, plus ou moins performantes, de projection et d'identification pour imaginer et ressentir ce que ça fait d'être Ginette, ou Guy, ou Martin. Ça leur fait quoi d'être qui ils sont – dans leurs têtes et dans leurs corps ?

Si nous ne pouvons ressentir, un tant soit peu, comment ils sont à l'intérieur, nous ne pourrons jamais imaginer comment ils pourraient être autrement. Si nous ne pouvons imaginer comment ils pourraient être autrement, nous ne serons jamais en mesure de trouver en nous la façon d'être particulière apte à les guider dans le bon sens.

Ce sont nos personnages thérapeutiques, guidés par l'empathie et joués juste, qui fourniront l'environnement humain spécifique dans lequel chaque personne dont nous avons la charge pourra se reconstruire.

C'est ainsi, et, je le crois, seulement ainsi, que nous pourrons être réellement utiles à ces gens extraordinaires.

MERCI À

Moïse Assouline
Jean-Pierre Carasso
Catherine Dolto
Dominique Dufour
Jacqueline Huet

TABLE

DANS LA COLLECTION « POCHES ODILE JACOB »

N° 1 : Aldo Naouri, *Les Filles et leurs mères*
N° 2 : Boris Cyrulnik, *Les Nourritures affectives*
N° 3 : Jean-Didier Vincent, *La Chair et le Diable*
N° 4 : Jean François Deniau, *Le Bureau des secrets perdus*
N° 5 : Stephen Hawking, *Trous noirs et bébés univers*
N° 6 : Claude Hagège, *Le Souffle de la langue*
N° 7 : Claude Olievenstein, *Naissance de la vieillesse*
N° 8 : Édouard Zarifian, *Les Jardiniers de la folie*
N° 9 : Caroline Eliacheff, *À corps et à cris*
N° 10 : François Lelord, Christophe André, *Comment gérer les personnalités difficiles*
N° 11 : Jean-Pierre Changeux, Alain Connes, *Matière à pensée*
N° 12 : Yves Coppens, *Le Genou de Lucy*
N° 13 : Jacques Ruffié, *Le Sexe et la Mort*
N° 14 : François Roustang, *Comment faire rire un paranoïaque ?*
N° 15 : Jean-Claude Duplessy, François Morel, *Gros Temps sur la planète*
N° 16 : François Jacob, *La Souris, la Mouche et l'Homme*
N° 17 : Marie-Frédérique Bacqué, *Le Deuil à vivre*
N° 18 : Gerald M. Edelman, *Biologie de la conscience*
N° 19 : Samuel P. Huntington, *Le Choc des civilisations*
N° 20 : Dan Kiley, *Le Syndrome de Peter Pan*
N° 21 : Willy Pasini, *À quoi sert le couple ?*
N° 22 : Françoise Héritier, Boris Cyrulnik, Aldo Naouri, *De l'inceste*
N° 23 : Tobie Nathan, *Psychanalyse païenne*
N° 24 : Raymond Aubrac, *Où la mémoire s'attarde*
N° 25 : Georges Charpak, Richard L. Garwin, *Feux follets et Champignons nucléaires*
N° 26 : Henry de Lumley, *L'Homme premier*
N° 27 : Alain Ehrenberg, *La Fatigue d'être soi*
N° 28 : Jean-Pierre Changeux, Paul Ricœur, *Ce qui nous fait penser*
N° 29 : André Brahic, *Enfants du Soleil*
N° 30 : David Ruelle, *Hasard et Chaos*
N° 31 : Claude Olievenstein, *Le Non-dit des émotions*
N° 32 : Édouard Zarifian, *Des paradis plein la tête*
N° 33 : Michel Jouvet, *Le Sommeil et le Rêve*
N° 34 : Jean-Baptiste de Foucauld, Denis Piveteau, *Une société en quête de sens*
N° 35 : Jean-Marie Bourre, *La Diététique du cerveau*
N° 37 : Alain Braconnier, *Le Sexe des émotions*
N° 38 : Temple Grandin, *Ma vie d'autiste*

Nº 39 : Philippe Taquet, *L'Empreinte des dinosaures*
Nº 40 : Antonio R. Damasio, *L'Erreur de Descartes*
Nº 41 : Édouard Zarifian, *La Force de guérir*
Nº 42 : Yves Coppens, *Pré-ambules*
Nº 43 : Claude Fischler, *L'Homnivore*
Nº 44 : Brigitte Thévenot, Aldo Naouri, *Questions d'enfants*
Nº 45 : Geneviève Delaisi de Parseval, Suzanne Lallemand, *L'Art d'accommoder les bébés*
Nº 46 : François Mitterrand, Elie Wiesel, *Mémoire à deux voix*
Nº 47 : François Mitterrand, *Mémoires interrompus*
Nº 48 : François Mitterrand, *De l'Allemagne, de la France*
Nº 49 : Caroline Eliacheff, *Vies privées*
Nº 50 : Tobie Nathan, *L'Influence qui guérit*
Nº 51 : Éric Albert, Alain Braconnier, *Tout est dans la tête*
Nº 52 : Judith Rapoport, *Le Garçon qui n'arrêtait pas de se laver*
Nº 53 : Michel Cassé, *Du vide et de la création*
Nº 54 : Ilya Prigogine, *La Fin des certitudes*
Nº 55 : Ginette Raimbault, Caroline Eliacheff, *Les Indomptables*
Nº 56 : Marc Abélès, *Un ethnologue à l'Assemblée*
Nº 57 : Alicia Lieberman, *La Vie émotionnelle du tout-petit*
Nº 58 : Robert Dantzer, *L'Illusion psychosomatique*
Nº 59 : Marie-Jo Bonnet, *Les Relations amoureuses entre les femmes*
Nº 60 : Irène Théry, *Le Démariage*
Nº 61 : Claude Lévi-Strauss, Didier Éribon, *De près et de loin*
Nº 62 : François Roustang, *La Fin de la plainte*
Nº 63 : Luc Ferry, Jean-Didier Vincent, *Qu'est-ce que l'homme ?*
Nº 64 : Aldo Naouri, *Parier sur l'enfant*
Nº 65 : Robert Rochefort, *La Société des consommateurs*
Nº 66 : John Cleese, Robin Skynner, *Comment être un névrosé heureux*
Nº 67 : Boris Cyrulnik, *L'Ensorcellement du monde*
Nº 68 : Darian Leader, *À quoi penses-tu ?*
Nº 69 : Georges Duby, *L'Histoire continue*
Nº 70 : David Lepoutre, *Cœur de banlieue*
Nº 71 : Université de tous les savoirs 1, *La Géographie et la Démographie*
Nº 72 : Université de tous les savoirs 2, *L'Histoire, la Sociologie et l'Anthropologie*
Nº 73 : Université de tous les savoirs 3, *L'Économie, le Travail, l'Entreprise*
Nº 74 : Christophe André, François Lelord, *L'Estime de soi*
Nº 75 : Université de tous les savoirs 4, *La Vie*
Nº 76 : Université de tous les savoirs 5, *Le Cerveau, le Langage, le Sens*
Nº 77 : Université de tous les savoirs 6, *La Nature et les Risques*

N° 78 : Boris Cyrulnik, *Un merveilleux malheur*

N° 79 : Université de tous les savoirs 7, *Les Technologies*

N° 80 : Université de tous les savoirs 8, *L'Individu dans la société d'aujourd'hui*

N° 81 : Université de tous les savoirs 9, *Le Pouvoir, l'État, la Politique*

N° 82 : Jean-Didier Vincent, *Biologie des passions*

N° 83 : Université de tous les savoirs 10, *Les Maladies et la Médecine*

N° 84 : Université de tous les savoirs 11, *La Philosophie et l'Éthique*

N° 85 : Université de tous les savoirs 12, *La Société et les Relations sociales*

N° 86 : Roger-Pol Droit, *La Compagnie des philosophes*

N° 87 : Université de tous les savoirs 13, *Les Mathématiques*

N° 88 : Université de tous les savoirs 14, *L'Univers*

N° 89 : Université de tous les savoirs 15, *Le Globe*

N° 90 : Jean-Pierre Changeux, *Raison et Plaisir*

N° 91 : Antonio R. Damasio, *Le Sentiment même de soi*

N° 92 : Université de tous les savoirs 16, *La Physique et les Éléments*

N° 93 : Université de tous les savoirs 17, *Les États de la matière*

N° 94 : Université de tous les savoirs 18, *La Chimie*

N° 95 : Claude Olievenstein, *L'Homme parano*

N° 96 : Université de tous les savoirs 19, *Géopolitique et Mondialisation*

N° 97 : Université de tous les savoirs 20, *L'Art et la Culture*

N° 98 : Claude Hagège, *Halte à la mort des langues*

N° 99 : Jean-Denis Bredin, Thierry Lévy, *Convaincre*

N° 100 : Willy Pasini, *La Force du désir*

N° 101 : Jacques Fricker, *Maigrir en grande forme*

N° 102 : Nicolas Offenstadt, *Les Fusillés de la Grande Guerre*

N° 103 : Catherine Reverzy, *Femmes d'aventure*

N° 104 : Willy Pasini, *Les Casse-pieds*

N° 105 : Roger-Pol Droit, *101 expériences de philosophie quotidienne*

N° 106 : Jean-Marie Bourre, *La Diététique de la performance*

N° 107 : Jean Cottraux, *La Répétition des scénarios de vie*

N° 108 : Christophe André, Patrick Légeron, *La Peur des autres*

N° 109 : Armatya Sen, *Un nouveau modèle économique*

N° 110 : John D. Barrow, *Pourquoi le monde est-il mathématique ?*

N° 111 : Richard Dawkins, *Le Gène égoïste*

N° 112 : Pierre Fédida, *Des bienfaits de la dépression*

N° 113 : Patrick Légeron, *Le Stress au travail*

N° 114 : François Lelord, Christophe André, *La Force des émotions*

N° 115 : Marc Ferro, *Histoire de France*

N° 116 : Stanislas Dehaene, *La Bosse des maths*

N° 117 : Willy Pasini, Donata Francescato, *Le Courage de changer*

Nº 118 : François Heisbourg, *Hyperterrorisme : la nouvelle guerre*
Nº 119 : Marc Ferro, *Le Choc de l'Islam*
Nº 120 : Régis Debray, *Dieu, un itinéraire*
Nº 121 : Georges Charpak, Henri Broch, *Devenez sorciers, devenez savants*
Nº 122 : René Frydman, *Dieu, la Médecine et l'Embryon*
Nº 123 : Philippe Brenot, *Réinventer le couple*
Nº 124 : Jean Le Camus, *Le Vrai Rôle du père*
Nº 125 : Élisabeth Badinter, *XY*
Nº 126 : Élisabeth Badinter, *L'Un est l'autre*
Nº 127 : Laurent Cohen-Tanugi, *L'Europe et l'Amérique au seuil du* XXIe *siècle*
Nº 128 : Aldo Naouri, *Réponses de pédiatre*
Nº 129 : Jean-Pierre Changeux, *L'Homme de vérité*
Nº 130 : Nicole Jeammet, *Les Violences morales*
Nº 131 : Robert Neuburger, *Nouveaux Couples*
Nº 132 : Boris Cyrulnik, *Les Vilains Petits Canards*
Nº 133 : Christophe André, *Vivre heureux*
Nº 134 : François Lelord, *Le Voyage d'Hector*
Nº 135 : Alain Braconnier, *Petit ou grand anxieux ?*
Nº 136 : Juan Luis Arsuaga, *Le Collier de Néandertal*
Nº 137 : Daniel Sibony, *Don de soi ou partage de soi*
Nº 140 : Willy Pasini, *Être sûr de soi*
Nº 141 : Massimo Piattelli Palmarini, *Le Goût des études ou comment l'acquérir*
Nº 142 : Michel Godet, *Le Choc de 2006*
Nº 143 : Gérard Chaliand, Sophie Mousset, *2 000 ans de chrétientés*
Nº 146 : Didier Pleux, *De l'enfant roi à l'enfant tyran*
Nº 147 : Robert Rochefort, *Vive le papy-boum*
Nº 148 : Dominique Desanti, Jean-Toussaint Desanti, *La liberté nous aime encore*
Nº 149 : François Roustang, *Il suffit d'un geste*
Nº 150 : Howard Buten, *Il y a quelqu'un là-dedans*

Imprimé en France sur Presse Offset par

BRODARD & TAUPIN

GROUPE CPI

La Flèche (Sarthe) - le 25-10-2004

N° d'impression : 25128
N° d'édition : 7381-1548-X
Dépôt légal : novembre 2004